中國学術思想 研究輯刊

四 編

林 慶 彰 主編

第 24 冊

康有爲《孟子微》研究

洪 鎰 昌 著

花木蘭文化出版社

國家圖書館出版品預行編目資料

康有為《孟子微》研究／洪鎰昌 著 ── 初版 ── 台北縣永和市：
花木蘭文化出版社，2009〔民98〕

序 2+ 目 2+166 面；19×26 公分

（中國學術思想研究輯刊 四編；第 24 冊）

ISBN：978-986-6449-23-9（精裝）

1. 康有爲　2. 孟子　3. 學術思想　4. 研究考訂

121.267　　　　　　　　　　　　　　　　98001907

ISBN - 978-986-6449-23-9

9 789866 449239

中國學術思想研究輯刊

四　編　第二四冊　　　　　　　　ISBN：978-986-6449-23-9

康有爲《孟子微》研究

作　　　者	洪鎰昌
主　　　編	林慶彰
總 編 輯	杜潔祥
出　　　版	花木蘭文化出版社
發 行 所	花木蘭文化出版社
發 行 人	高小娟
聯絡地址	台北縣永和市中正路五九五號七樓之三
	電話：02-2923-1455 ／傳眞：02-2923-1452
網　　　址	http://www.huamulan.tw 信箱 sut81518@ms59.hinet.net
印　　　刷	普羅文化出版廣告事業
封面設計	劉開工作室
初　　　版	2009 年 3 月
定　　　價	四編 28 冊（精裝）新台幣 46,000 元

康有爲《孟子微》研究

洪鎰昌　著

作者簡介

洪鎰昌，彰化縣人。93 年 1 月，畢業於國立高雄師範大學國文學系博士班。曾任稻江科技暨管理學院文學創作與傳播學系專任助理教授兼主任；現任長庚技術學院通識教育中心專任助理教授。學術專長為哲理散文創作、現代小說研究與教學。最大的願望是自我完成並著作等身。

提　　要

　　《孟子微》完成於光緒二十八年（1902）冬至日，當時康有為正值戊戌變法失敗，潛逃海外。職是之故，註解《孟子》，不過是藉由孟子代言，以宣傳其變法思想。所謂孟子「微」，乃指「微言大義」，即公羊思想之「三世進化之義」，強調清廷應變法，且因時、因世而變，由「據亂世」、「升平世」、終至「太平世」。

目次

第一章 緒 論

第一節 研究動機

就思想的研究而言，《孟子微》是一值得再三研究的題材。首先，康有爲並不是眞正想要注解《孟子》，而是「託古改制」。藉孟子的權威，來宣揚自己的思想。在《孟子》原文的「形式」底下，注入自己的變法思想。因此，可以從《孟子微》一書中，約略地看出康有爲的主要思想。

其次，《孟子》一書本來就有孟子自己的思想。那麼康有爲該如何「調和」他自己與孟子之間的思想呢？藉由作《孟子微》的研究，可以觀摩、分析兩個思想之間的調融、引伸、乃至於矛盾的現象。

第二節 前人的研究成果

關於康有爲《孟子微》的研究，黃俊傑先生曾寫過〈從「孟子微」看康有爲對中西思想的調融〉，〔註1〕該文以史學的方法，從政治、經濟、社會等方面，將《孟子微》中的觀念與西方觀念作一比對。進而肯定在中西文化交接時，康有爲所扮演的「調融」角色，他說：

> 康有爲……努力以孟學中原有的觀念或制度如民本、均平、井田等
> 作爲融通中外的契機。《孟子微》全書引介近代西方的自由、民主、

〔註1〕 見中央研究院近代史研究所編：《近世中國經世思想研討會論文集》，民國73
年4月。

平等以及社會達爾文主義、重商思想等，確爲孟學傳統別開新面，
發前人所未發。

以「中西思想的調融」爲研究主題，確實指出《孟子微》的特色。但是這對
於《孟子微》的思想內容而言，只能說是個「點」，因爲在《孟子微》中，所
謂「思想調融」的現象，不只在「中西」方面，它還包含了康有爲與孟子、
康有爲與公羊學、公羊學與孟子……等等。因此，本文希望擴大研究範圍，
嘗試對《孟子微》作一較爲全面的介紹。

第三節　研究方向

關於康有爲寫作《孟子微》的動機。康有爲認爲傳統士人對《孟子微》
思想的發明，多偏重於心性一面：

乃僅知其介介之義，而不知其肫肫之仁：僅知證其直指之心，而不
知推其公同之理。（《孟子微・自序二》）

康有爲對此種現象相當不滿，因此寫作《孟子微》。所謂《孟子微》的「微」
是指孔子「三世進化」的「微言大義」。它存在於《孟子》之中，可惜「數千
年注者雖多，未有以發明之」。康有爲希望藉此註解《孟子》以發揚此一微言
大義，進而「拯普天生民於卑下鉗制之中」。因此，本文寫作的重點，就在於
對康有爲「三世進化之義」作一探討。

本文寫作的順序，依序是第二章「《孟子微》寫作的時代背景」。本章對
康有爲的時代背景、變法思想的宣揚等作一粗略的了解。第三章「《孟子微》
的公羊學術淵源」。康有爲所謂的「三世進化之義」，源自於公羊學的傳統，
而康有爲的「三世說」就來自公羊學的「張三世」。因此本章除了對公羊學「三
科九旨」的釋名之後，接著對清中葉以後公羊學的發展作一整理，以便了解
康有爲在公羊思想方面的學術淵源。

以上三章是屬於比較「前置」、「外緣」的性質。從第四章開始，就直接
針對《孟子微》展開探討。第四章「《孟子微》中的『神化孔子』」，一個學說
或思想要說服他人，就必須要「權威」，孔子就是康有爲學說的「權威」、「代
言人」。康有爲將自己所有的思想，都「託古」給孔子。他甚至將孔子塑造成
一位「救世主」。本章的重點就放在康有爲「神化」孔子的過程。第五章「《孟
子微》『三世』的進化歷程」。本章介紹《孟子微》中，「三世」學說的架構。

「三世」是指人類進化的三個階段與歷程。基本上，康有爲的「三世說」是以孔子的「仁」作爲進化的標準與動力，而以西方的政治、社會、經濟等學說爲具體的進化目標，以前者爲「體」，以後者爲「用」，這也就是黃俊傑先生所謂的「中西思想調融」的部分。第六章「《孟子微》中三世進化的「因時觀」。上一章介紹「三世」的架構，本章則介紹如何使用「三世學說」。首先，康有爲將中國定位在「三世」中的「據亂世」。「據亂世」的進化目標則爲「升平世」。因此，康有爲強調中國應「因時進化」，實施「升平世」的政治型態——君主立憲。「君主立憲」是康有爲一貫堅持的政治主張，即使民國成立之後，他還希望藉由「民六復辟」來實踐這個政治理念。這使得康有爲蒙上「落伍」的批評。第七章「《孟子微》的『人性論』」，康有爲嘗試以自己的「魂魄說」來調融前人對人性的觀點。雖然他推崇孟子的「性善說」，但實際上，對人性觀點康有爲是比較偏向董仲舒的，以爲人性未善，而需要教化。這個觀點使得「因時」觀念得到了加強、互證。因爲基於現今人性未善，所以當務之急是「開民智」，而不是「躐等」至「性善」的「太平世」。

第四節　《孟子微》的寫作時間

　　關於《孟子微》成書的時間，康有爲在〈自序一〉末，記錄的日期是「孔子二千四百五十三年，光緒二十七年冬至日」；可是在〈自序二〉末，記錄的日期卻是「孔子二千四百五十二年，即光緒二十七年冬至日」，〔註2〕在孔子紀年的部分，相差了一年。到底何者正確？首先，根據康有爲的女兒康文珮，在她所作的《南海康先生年譜續編》中說到「光緒二十八年壬寅（1902）先君四十五歲。……冬至日，《孟子微》成」，記載其父於光緒二十八年冬至日完成《孟子微》。

　　其次，查康有爲其他的著作，凡是同時採用孔子和光緒紀年的作品，二者的差距大多爲二千四百二十五年。如《孔子改制考・敘》紀年爲「《孔子改制考》成書，去孔子之生二千四百四十九年也。光緒二十四」，又《禮運注・敘》，紀年爲「孔子二千四百三十五年，即光緒十年甲申冬至日」，兩者紀年皆相差二千四百二十五年。

〔註2〕 北京：中華書局本，在〈自序二〉末有小字「原載1902年《新民叢報》第十號」。

　　根據以上兩點證據，大體可以確定《孟子微》應是完成於光緒二十八年的多至日，西元 1902 年，也就是「孔子二千四百五十三年」。

　　但是有些學者認爲《孟子微》應該是光緒二十七年、西元 1901 年，「孔子二千四百五十二年」的作品。如錢穆《中國近三百年學術史·附表》，楊克己《康梁著述繫年表》等。

　　然而大抵而言，光緒二十七、二十八年，康有爲的思想並無太大的差距，蕭公權將康有爲的思想分爲兩期：

> 康氏哲學思想可區分爲兩期。第一期大約從 1880 年代到 1910 或
> 1920 年代初，儒學和大乘佛學仍爲其主要的靈感泉源，……第二期
> 包含康氏的晚年，從較超然的立腳點來觀察人與宇宙，以及對西方
> 哲學思想親切的認識。（《康有爲思想研究》，頁 132、133）

在蕭氏的分期中，光緒二十七、二十八年，同屬於第一期。因此，判定《孟子微》是光緒二十七年或二十八年的作品，就康有爲的思想分期上，並無太大的意義。

第五節　《孟子微》的版本

　　關於《孟子微》的版本，本文參考的版本有：

一、康有爲：《孟子微八卷》，廣智書局鉛印本。《萬木草堂叢書》本。

二、康有爲：《孟子微》，台北：華文，民國 57 年。《不忍雜誌彙編》。

三、康有爲：《孟子微》，台北：臺灣商務印書館，民國 59 年。

四、康有爲著、蔣貴麟主編：《孟子微》，台北：宏業書局有限公司，民國 65 年 9 月 30 日。

五、康有爲著、樓宇烈整理：《孟子微》，北京：中華書局，1987 年 9 月。

　　這些版本在內容上大致相同，本文以中華書局、樓宇烈整理的版本爲主。此一版本乃是據 1916 年上海廣智書局以《萬木草堂叢書》名所出版的單行本爲主，加以校點整理的。

　　《孟子微》曾於西元 1902 年，於《新民叢報》第十號上，以「明夷」筆名刊出〈自序〉，此〈自序〉與《不忍雜誌》和單行本所刊的〈序〉大不同，此〈序〉樓宇烈將其附錄於原本的〈序〉後，而以〈自序一〉、〈自序二〉分別之。

第六節　本文的局限

　　由於康有爲本人學貫中西，因此他的思想包羅很廣。相對地，筆者詮釋康有爲的思想時，因限於個人學識的不足，可能將使本文產生下列的局限。

一、宋明理學方面

　　康有爲是粵中名族，世以理學傳家。康有爲自述其爲學的經過時說：

> 予小子六歲而受經，十二歲而盡讀周世孔氏之遺文，乃受經說及宋儒先生之言，二十七歲而盡讀漢、魏、六朝、唐、宋、明及國朝人傳注考據義理之說，所以考求孔子之道者，既博而劬矣。始循宋人之途轍。（《禮運注・敍》）

二十七歲以前，「循宋人之途轍」。可見宋明理學對他影響之深。在《孟子微》中，常可以看到康有爲批評朱子的言論。如：

> 朱子未知生與氣，即未爲知性。且持說未定，而難告子，亦非也。（《孟子微・性命第二》）

> 宋賢自朱子染於釋氏無欲之說，專以克己，禁一切歌樂之事，其道太螫，近於墨氏，使民情不懌，民氣不昌，非孔子道也。（《孟子微・同民第十》）

> 朱子之學在義，故斂之而愈嗇。（同上）

康有爲能夠批評朱子，這證明了他對朱子有一定深度的認識。

二、宗教思想方面

　　康有爲與佛教有深厚的關係。他在《年譜》中說：

> 光緒四年，二十一歲。……至秋冬時，四庫要書大義，略知其慨，以日埋故紙堆中，汨其靈明，漸厭之。日有新思，思考據家著書滿家，如戴東原，究復何用？因棄之，而私心好求安心立命之所。忽絕學捐書，閉戶謝友朋，靜坐養心。（《康南海自編年譜》，頁10）

> 光緒五年，二十二歲。以西樵山水幽勝可習靜，正月遂入樵山，居白雲洞，專講道佛之書，養神明，棄渣滓。……既而以事出城，遂斷此學。（同上）

這是康有爲自敍學佛的經驗。如果從《孟子微》中來看，基本上，康有爲是

肯定佛教思想的。他認爲「佛學除人倫外，其餘道理與孔子合」（《萬木草堂口說‧孟荀》）。又由其他的著作中常可以看到他對佛教的推崇與肯定。如：

> 以佛釋儒書，「天命之謂性」，潔淨法身也；「率性之謂道」，圓滿報身也；……「戒愼、恐懼是本體，不睹、不聞是工夫」，即佛氏所謂「本來無一物，何處惹塵埃」也。（《萬木草堂口說‧中庸》）

> 《中庸》一書，先言效驗，後說道理，可比佛氏一部《法華經》。（同上）

> 孟子用六祖之法，直指本心，即心是佛也。（《萬木草堂口說‧孟荀》）

這種儒佛相互參證，比附的現象，在《孟子微》中隨處可見，如：

> 故佛乘有大小，根器有上下。孔子則曰：「中人以上可以語上，中人以下不可以語上也。」（《孟子微‧自序一》）

> 《大學》言「克己復禮」，《詩》言「予懷明德」，《書》言「克明峻德」，以及佛氏之「明心見性」，皆先養其魂靈也。《論語》言「克己復禮」，《易》言「懲忿窒欲」，以及佛氏之「降伏其心」，皆以御其體魄而已。（《孟子微‧心身第三》）

> 佛爲外道所譏，若孔子之爲佞，孟子之干澤，求全之毀也。（《孟子微‧辨說第十六》）

> 人之靈明，包含萬有，山河大地，全顯現於法身，世界微塵，皆生滅於性海，廣大無量，圓融無礙，作聖作神，生天生地。但常人不識自性，不能自信自證自得，舍卻自家無盡藏，沿門托缽效貧兒耳。如信得自性，毫無疑惑，則一念證聖，不假修行，自在受用，活潑潑地。……禪者養其靈魂，秘爲自得。後儒不知，斥爲異氏之說。（《孟子微‧總論第一》）

由此可見佛學對康有爲的思想影響很大。他甚至說：「佛學有三世」、「孔子有三統、三世、儒與佛同」（《萬木草堂講義‧七月初三夜講源流》），這說明「三世進化」的思想受到佛教的啓發與影響。

　　除了佛教之外，基督教也融入了康有爲的思想理論之中。康有爲所提倡的「孔教」，基本上，就是模仿基督教的形式；不僅形式上模仿基督教，在《孟子微》中，康有爲所說的「仁」也就是基督教「博愛」的精神：

> 仁者博愛，己欲立而立人，思所以安樂之，無使一夫之失所，然必

當有仁政，乃能達其仁心。(《孟子微・仁政第九》)

由此可見康有為所謂進化的最後階段──太平世，代表著孔教、佛教、基督教等精神的綜合與想像。

三、西洋學術方面

根據《年譜》的記載，早在光緒五年，康有為就與西書接觸，「既而得西國近事彙編、李□環游地球新錄及西書數種覽之」(《康南海自編年譜》，頁11)。光緒八年「十一月還家，自是大講西學」。光緒九年，他延伸了西學的觸角，「購萬國公報」，「聲、光、化、電、重學及各國史志，諸人游記皆涉焉」，因此，康有為的思想開始受到西學的影響。「是時絕意試事，專精問學，新識深思，妙悟精理，俛讀仰思，日新大進」。

光緒十一年，「頭痛大作，幾死」。臨死前的「聞道」之作──《人類公理》，該書的架構與原理，不採用中國傳統學術，而是以「算學」、「幾何」為之，可見他於西學的自得與推崇。「既而得西醫書讀之，以信西學之故，創試西藥，如方為之，乃漸效」，在中醫束手無策之下，西醫反而救了他一命，這個經驗必使得他對西學更具有信心。

在《孟子微》中，康有為常以「電」或物理現象來詮釋原本是道德性的議題，如：

不忍人之心，仁也，電也。(《孟子微・總論第一》)

今電線能通言傳聲於千萬里，氣之接聯通貫至易見也。(同上)

窮物理學者，不過考其天則而已。剛柔飛潛，各如其則而適其性，則能用之。……金類傳熱，電氣通遠，因其則，故可為電線，傳聲傳言。若夫人之貴於萬物，其秉彝之性，獨能好懿德。好之云者，如磁之引鐵，芥之引針，其以太之所含，能與懿德合而攝之。如陽電陰電之相吸也，非本有其電，則不能與他電相吸。(《孟子微・性命第二》)

則報應之因，在前百數年者，至今乃發。如光如電之極速，而亦久乃傳到，並非異也。(同上)

誠者，如日之含熱質，運熱力，自然大發其光……思誠者，如蓄火積薪生熱力，……有日之光熱射於地上，則萬物受其動力而大生；

> 其小者以電以爐，亦能蒸汽而生物。……精神所感，電氣潛通，曾
> 母齧指而子痛心。(《孟子微·貴恥第十四》)

這證明了康有爲受西學的影響很深。

在康有爲的「三世進化」思想中，雖然以孔子的「仁」作爲人類進化的動力與目標，但是光靠道德是不夠的，還必須藉由科學的力量，始能達成。他說：

> 凡大地皆自小併至大，將來地球亦必合一，蓋物理積併之自然。但
> 其始道路不通，文物未備，難於治遠，故不能不需以時日耳。元得
> 亞洲，而卒不能長駕遠馭，固由無道，亦由道遠故也。當時往欽察，
> 須馬行三年乃到，安能駕馭？惟今汽路電線，縮地有方，然後乃易
> 定於一。(《孟子微·仁不仁第七》)

> 至於太平世，眾生如一，必戒殺生。當時物理化學日精，必能制物
> 代肉。(《孟子微·總論第一》)

可見人類的進化必須有科學作爲後盾與支援。由於康有爲明顯地受到西學的影響，所以黃俊傑先生才會寫作〈從「孟子微」看康有爲對中西思想的調融〉。

以上所舉的宋明理學、宗教思想、西洋學術三者，對康有爲的思想都有很大的影響。但筆者限於學識的不足，無法觸及這些領域。因此在詮釋《孟子微》時，倍受局限而對康有爲的思想無法充分的開展！

由於學識的不足造成的局限之外，筆者的生命情調與康有爲截然不同，再加上思想經驗的缺乏，基於「凡相同的才能彼此認識」的原則之下，筆者是不可能「認識」康有爲，至少「同理」或「同情」式的了解是不可能。因此只能將康有爲作一「客觀」資料的處理。

然而要處理客觀的資料，就必須要有客觀的方法。那麼什麼樣的方法、架構可以詮釋一套思想？這就成了寫作本文最大的困擾。在沒有找到更好的方法之前，本文採用一般詮釋的方法，首先從「時代背景」、「學術淵源」等進行思想「外緣」的詮釋，接著論述《孟子微》中較爲突出的特色，例如「神化孔子」、「三世進化」、「因時觀」、「人性論」等進行探討。

第二章　《孟子微》寫作的時代背景

康有為在《孟子微》中，所提倡的「三世進化」思想，主要目的在於提倡變法，依「三世」的順序進行政治改革。因此本章所謂的「時代背景」，著重在介紹康有為提倡變法的努力，主要有光緒十四年之後的七次上書、戊戌政變等。至於康有為的身世背景為一般人所熟悉，所以本章不再贅述。

第一節　第一次上書不達（光緒十四年～十六年）

光緒十四年（1888，三十一歲）的夏天，康有為到北京應試。那時正是日本占琉球、法國吞安南、英國取緬甸，中國邊疆危機四起，南方蕃屬相繼喪失之後。康有為游長城、攀西山、登高遠望，頗有山河人民之感，《年譜》上說：

> 計自馬江敗後，國勢日蹙，中國發憤，只有此數年閑暇，及時變法，
> 猶可支持，過此不治，後欲為之，外患日逼，勢無及矣。（《康南海
> 自編年譜》，頁 18）

變法的緊迫感，促使他提筆寫信給當時頗有名氣，又為光緒皇帝所信任的大臣翁同龢、潘祖蔭、徐桐等，「以書陳大計而責之」。他在信中表示：變法維新已不能再緩，同時責備這些大臣未能克盡職守。康有為此舉造成「京師譁然」，徐桐更是大怒，斥為「狂生」。

依朝廷慣例，布衣是不可以上書的，更何況「當時大惡洋務，未有請變法之人」，而康有為「以至微賤，首倡此論」，使得「朝士大攻之」，惹得一些大臣對他大肆攻擊，並將上書予以扣壓。

　　康有爲在京師久了，對時局漸漸有所了解。他看到慈禧太后大興土木，修建頤和園；軍機大臣孫毓汶與宦官李蓮英狼狽爲奸，把持朝政，於是「士夫掩口，言路結舌，群僚皆以賄進，大臣退朝，即擁娼優，酣飲爲樂」，在這種局勢之下，「不獨不能變法，即舊政風紀，亦敗壞掃地。」他非常失望地表示：

> 久旅京師，日熟朝局，知其待亡，決然舍歸，專意著述，無復人世間志意矣。(《南海自編年譜》，頁21)

於是在光緒十五年九月，他離開了京師，十二月，回到了廣東準備「專意著述」。

第二節　教學與著述（光緒十六年～二十一年）

　　光緒十六年，康有爲回到廣東不久，將住處從南海縣搬到了廣州城的雲衢書屋（「先曾祖之老屋也」）。在六月和八月，分別收了陳千秋、梁啓超兩位弟子。

　　翌年（光緒十七年），康有爲在長興里正式開堂講學。著〈長興學記〉，以爲學規。以「勉強爲學，逆乎常緯」作爲治學的宗旨。對當時佔學術主導地位的漢學和宋學進行抨擊。向學生灌輸衝破傳統、改革救國及變易進化等觀點，「而講中外之故，救中國之法」。將鮮明的政治主張貫徹到教學中去。因此，教授的科目除了「義理之學」、「考據之學」、「詞章之學」之外，增加「經世之學」一門。「經世之學」的內容有：政治原理學、中國政治沿革得失、萬國政治沿革得失、政治應用學、群學（社會學）等。除此之外，西方科學知識，也是教授的重點。學生之一的梁啓勳回憶說：

> （康有爲）講學重今文學，謂古文是劉歆所僞造，……除中國古書外，還要讀許多西譯書，如江南製造局的有關聲、光、化、電等科學著述數十種，皆所應讀。容閎、嚴復諸留學先輩譯本及外國傳教士傅蘭雅（John Fryer，1839～1928英國傳教士）、李提摩太等譯本皆讀之。(《萬木草堂回憶》，《文史資料》第二十五期)

由於康有爲的講學帶有強烈的現實性和新鮮感，吸引了越來越多的學生前來就讀，由於學生不斷增加，學舍一再易址：光緒十七年在長興里；光緒十八年遷到衛邊街鄺氏祠（今廣州第十三中學），學者漸眾。曾任四川知縣的廣西

人龍澤厚也入學受業；光緒十九年冬，再遷至府學宮仰高祠（今廣州工人文化宮），來學者益眾，學堂上以陳千秋、梁啓超充任學長。爲了作長久之計，租賃十年，還特地裝上一方匾額，題上「萬木草堂」四個大字。光緒二十三年夏（1897），萬木草堂達到全盛時期，「時學者大集，乃晝夜會講」。然而到了翌年，卻因戊戌政變的失敗，被清廷下令封禁輟講。

康有爲招收學生的標準也是異乎尋常的。他打破門第高低、年齡大小、學問深淺的界限，而以能否接受他的維新變法理論爲前提。康有爲對於初入學者，先進行一番認眞嚴肅的談話。藉著逐一談話的方式加以甄選，希望吸收具有一定文化水準，又有志於維新的愛國青年入學深造。由於「來學多志士」，幾年下來，他不但宣傳了變法維新思想，而且培養了一批人才，他的得意弟子如梁啓超、麥孟華、王覺任、韓文舉、梁朝杰、歐矩甲、徐勤等後來都成爲維新運動的重要成員。

康有爲一邊講學，一邊寫作。這段時間他的著述較多，重要的有《婆羅門教考》、《王制義證》、《毛詩僞證》、《周禮僞證》、《說文僞證》、《爾雅僞證》、《新學僞經考》、《史記書目考》、《孟子大義考》、《墨子經上注》、《孟子爲公羊學考》、《論語爲公羊學考》、《春秋董氏學》等。《孔子改制考》也已開始編寫。這一系列著述有一共同的中心思想，那就是藉「發古文經之僞，明今文學之正」，發揚公羊學的「三世說」，提倡政治進化的思想。換句話說，根據變法的需要，康有爲對傳統儒家學說重新詮釋。通過撰述活動，康有爲基本上建立起一個「托古改制」的變法思想體系，爲將來的維新運動預作準備。

第三節　領導維新運動（光緒二十年～二十八年）

光緒十九年（1893），康有爲應鄉試，中試第八名。這時中日戰爭已到了一觸即發的地步。翌年二月二十日，與梁啓超同入京會試。這時打了差不多一年的中日戰爭已接近尾聲。早在光緒四年（1878），當日本吞并琉球時，康有爲就曾爲此感到憂心。光緒十四年在〈上清帝第一書〉中他提到「日本改紀，將窮朝鮮而窺我邊」，又說：「數年之後，四夷逼於外，亂民起於內，安能待我十年教訓乎？恐無及也。」希望清廷提高警惕，然而朝廷方面卻無視於他的警告，仍沉迷於三千萬兩銀子爲西太后舉辦六十大壽慶典：

> 時擬以三千萬舉行萬壽，舉國若狂，方謀保舉，而孫毓汶當國，政

以賄成，大官化之，惟事娛樂，內通李蓮英，相與交關，政俗之污
壞，官方之紊亂，至是歲爲極。（《康南海自編年譜》，頁29）

當時就有人問康有爲：「國朝可百年乎？」他十分痛心地回答說：「禍在眉睫，
何言百年？」不久朝鮮方面傳來日本大規模出兵占領漢城，同時對牙山清軍
劍拔弩張的消息。清政府這時才慌了手腳。康有爲無限感慨地說：「不幸而言
中矣！」

清廷戰敗已成定局，於是派李鴻章赴日議和。四月，簽訂〈馬關條約〉，其
中賠款之巨，割地之廣，前所未有。當條約內容傳到北京時，舉國譁然。當時
「各直省莫不發憤，連日並遞章都察院，衣冠塞途」。康有爲看到群情激憤，認
爲「士氣可用」。就約同十八省在京舉人到松筠庵開會，「與名者千二百餘人」。
開會時，大家公推康有爲起草奏稿。康有爲以一天兩夜的時間，洋洋灑灑寫了
一萬八千字的「萬言書」，堅決反對〈馬關條約〉，請求「拒和」、「遷都」、「變
法」三者。向皇帝全面而具體地提出變法的主張和措施。四月八日，當萬言書
遞都察院時，都察院則推說皇帝已在條約上蓋印，「即以用寶，無法挽回」，拒
絕代遞。雖然上書失敗，但是此舉已傳遍北京，強大的輿論壓力，使得主和
的軍機大臣孫毓汶嚇得不敢上朝而提出辭職。這就是著名的「公車上書」。

公車上書的第二天，考試發榜，康有爲中進士第八名，授工部主事。但
他無意於仕宦，他說：「自知非吏才，不能供奔走。又生平講學著書，自分以
布衣終，以迫於母命，屈折就試，原無意於科第，況仕宦乎？」「未能爲五斗
折腰，故不到署」。

五月十一日，康有爲以進士的身份遞上了〈上清帝第三書〉。此書重申「公
車上書」的內容，並且作了補充說明，提出變法的步驟。這次上書終於被光
緒皇帝看到了。光緒除了表示讚許，並且發下軍機處，命即日抄四份，一份
呈太后，一份留在軍機處，一份放在乾清宮南窗小篋，另一份則存勤政殿以
備隨時觀覽。不久，朝廷發下了〈發各省督撫會議奏復〉和〈舉人才詔〉兩
道上諭，其中舉才、籌餉、練兵、恤商、惠工等內容，都是康有爲上書中所
提到的。可見光緒對他意見是十分重視的。

六月三十日，康有爲又以工部主事的名義，第四次呈上萬言書。專談變
法之先後次第及下手之法。書中強調變法的關鍵在於皇帝的決心，「權在皇上
內審安危，斷自聖衷而已」、希望光緒「先引咎罪己，以收天下之心」，並「紆
絳尊貴，通達下情，日見賢才，日求讜論」，「以整紀綱而成大化，雪仇恥而

揚天威！」此書先交都察院，都察院推說他是工部主事，照例須由所屬的衙門代遞；到了工部，孫家鼐許爲代遞，可是因爲工部侍郎李文田和康有爲前嫌未釋，不肯畫押；於是康有爲再與梁啓超、麥孟華聯名遞都察院，仍不肯收；最後交袁世凱送督辦處，兵部尚書榮祿亦不收。

康有爲思索這幾次上書不達、朝臣阻撓變法的根本原因在於京師風氣閉塞，「以士大夫不通外國政事風俗」，使得很多人根本不知道該不該變法？又要如何變法？因此康有爲決定辦報進行宣傳，希望能夠「去塞求通」。

此報由梁啓超、麥孟華編輯撰稿，每日隨京報派送在朝士大夫，「每日送千份於朝士大夫，紙墨銀二兩，自捐此款，……分學校軍政各類，日騰於朝，多送朝士，不收報費」。此報原名爲《萬國公報》，但是因爲刊名與廣學會機關報相同，於是改名爲《中外紀聞》。這就是維新派創辦的第一份報紙。開報不久，漸漸產生宣傳效果，「報開兩月，輿論漸明」，宣傳達到了功效，維新變法的人也跟著增多了，「朝士乃日聞所未聞，識議一變焉」。

除了辦報之外，康有爲又到處游說大家組織學會。康有爲認爲「中國風氣，自來散漫，士夫戒於明世社會之禁，不敢相聚講求，故轉移極難。思開風氣、開知識，非合大群不可，同必合大群而後力厚也，合群非開會不可」，因此，他到處游說大家「合群」、「開會」、組織學會。他的主張除了得到刑部主事沈曾植、戶部郎中陳熾等的贊成之外；還有袁世凱、楊銳、丁立鈞、沈子培、沈子封兄弟等人捐資贊助；湖廣總督張之洞、兩江總督劉坤一、直隸總督王文詔各出五千金；廣學會英人李提摩太來聯繫合作，再加上英美公使大助西書及圖器。於是在光緒二十一年十一月，在北京組織成立了「強學會」。康有爲草擬了〈強學會章程〉，申明設會目的在「專爲中國自強而立」、「求中國自強之學」。在強學會的章程中，康有爲還強調，譯印圖書要講求西法之學；刊布報紙要仿林則徐，翻譯《澳門月報》以觀敵情；開大書藏除大開中國舊籍之經世有用者外，於西人政教各種學術圖書，皆應旁搜講求，以廣考鏡而備研究；開博物院則應置辦儀器、講求製造，以爲益智集思之助。從章程可看出，康有爲相信西方的文化與知識可以救中國。因此推動大家向西方尋找救國的方法與眞理。

北京自強學會成立後，不久上海也組織了強學分會。於是各地蔚爲風行，紛紛開會、辦報。打破了清廷嚴禁結社集會的舊例。同時有　個值得注意的現象，就是支持康有爲組織學會的有力者，其中不乏帝黨的中堅人物，如文廷式、沈曾植、丁立鈞、陳熾、陳仰垣等，他們與光緒師傅翁同龢關係密切。

也因此強學會使得康有為有機會與帝黨結盟，這為康有為通向皇宮大門，鋪墊了階石。

當時一些大臣十分厭惡康有為。對外主和的李鴻章也因為入會不得而記恨。〔註1〕光緒二十二年一月，李鴻章的兒女親家御史楊崇伊上書彈劾北京強學會「植黨營私」，攻擊《中外紀聞》「販賣西學」，請旨查禁。於是慈禧太后強迫光緒帝下令封閉強學會，禁止《中外紀聞》的發行。張之洞在得知慈禧要查禁北京強學會的消息後，下令查禁上海強學會及《強學報》。在頑固派強大的勢力面前，很多成員都十分害怕，「與會名人紛紛匿遁」，加上當時宮廷之內，帝、后之間勢如水火，想要舉辦新政一時也談不上，而「十二月母壽，須歸」，於是康有為在光緒二十一年底回到廣東。

回到廣東之後，康有為一面繼續在萬木草堂講學、著述；一面積極進行社會活動。「七月與幼博弟游羅浮，八月游香港，十月至澳門」，他在澳門與何穗田一起創辦了《知新報》，到廣西與唐景崧、岑春萱組織「聖學會」，提倡「尊孔教救中國」。六月，從廣西回來之後，繼續講學，「時學者大集，乃晝夜會講」，這可以說萬木草堂的興盛時期。

早在第一次上書遭到挫折，「既審中國之亡，救之不得，坐視不忍，大發浮海居夷之歎，欲行教於美，又欲經營殖民地於巴西，以為新中國，既皆限於力，又有老母未能遠游」，康有為看到中國人口太多，想移民到人煙稀少的巴西去，因為巴西「經緯度與吾近，地域數千里，亞馬孫河貫之，肥饒衍沃，人民僅八百萬，吾若遷民住，可以為新中國」，他希望創立一個新國家，按他的理想開闢一塊人間樂土。他目睹朝廷經歷了甲午戰敗及割台之痛後仍不思振作，心想這樣下去一定會亡國，「故欲開巴西以存吾種」。他與港、澳商人籌劃了一個招收工人到巴西開墾的方案，準備上京請求批准。恰巧此時傳來了德國佔膠州灣的消息。

光緒二十三年冬，當康有為得知德國強佔膠州灣的消息，馬上起程進京，隔年正月，向光緒皇帝上了第五書。這次上書比以前的幾次，在情辭上來得更加激烈。他開門見山地指出，自從中法戰爭結束，朝廷並沒有接受戰爭失敗的慘痛教訓，仍然苟且偷安，守舊不變，這使得中國的局勢非常危險，他

〔註1〕 李鴻章表示願意捐出兩千兩，並申請入會，但強學會因李鴻章是個著名的賣國賊，予以斷然拒絕。李鴻章因此大怒。這為日後楊崇伊對強學會的參劾，埋下了禍根。

預言中國將繼非洲之後，爲西方瓜分殆盡：

> 今非洲剖訖，三年來泰西專以分中國爲說，報章論議，公託義聲，
> 其分割之圖，傳遍大地，縷畫詳明，絕無隱諱。……號於眾曰，保
> 歐洲太平，則其移毒於亞洲可知。文其言曰，保教保商，則其垂涎
> 於地利可想。英國太晤士報論德國膠事，處置中國，極其得宜，譬
> 猶地雷四伏，藥線交通，一處火燃，四面皆應，膠警乃其借端，德
> 國固其嚆矢耳。（《七次上書彙編》，頁 92、93）

他焦急地希望光緒皇帝因膠州灣事件發憤圖強，「明定國是，與海內更始；自
茲國事付國會議行；紆尊降貴，延見臣庶，盡革舊俗，一意維新。」他向光
緒皇帝提出了變法的上、中、下三策：上策的主旨是「擇法俄日以定國是」。
「以俄國大彼得之心爲心法，以日本明治之政爲政法」；中策主旨是「大集群
才而謀變政」。「群才」主要是指六部九卿等官吏中的賢才，擇供咨問；下策
主旨是「聽任疆臣各自變法」，主要是爲支持維新變法的地方督撫，爭得一些
推行新政的自主權力。但是這個奏章遞到工部尚書淞桂手裏，淞桂見其中有
警告的話語，如「恐自爾之後，皇上與諸臣雖欲苟安旦夕，歌舞湖山而不可
得矣」、「且恐皇上與諸臣求爲長安布衣而不可得矣」，大怒，不肯代遞。康有
爲失望之餘，向李鴻章申請到巴西開發，李鴻章允許辦理。但又說必須等到
巴西公使前來請求方可。康有爲眼見兩件事情都沒有著落，天時又冷，河水
快要凍結不能通航，於是就想回廣東去。

正當要起程時，卻被翁同龢留住，翁說：「上將大用君矣，不可行！」第
二天，由給事中高燮曾奏薦請召見。〔註 2〕這是清廷官吏第一次正式向光緒上
書請求召見並任用康有爲。這時翁同龢也趁機在光緒面前，大大地誇獎康有
爲一番，促使光緒決定傳旨召見康有爲。然而恭親王奕訢以朝廷成例，皇帝
不能召見四品以下官員爲由，加以阻撓，光緒難以打破舊例，只好改由王公
大臣向康有爲問話。

光緒二十四年（戊戌）正月三日下午。康有爲被請到總理衙門的西花廳，
「問變法之宜」。當時出席的總理衙門大臣有李鴻章、翁同龢、榮祿、刑部尚

〔註 2〕康有爲的第五次上書，雖然被工部尚書淞桂阻攔，但是都察院給事中高燮曾
　　　　卻看了傳抄本。高在大爲感動之餘，爲康有爲的遭遇鳴不平。次日上奏章推
　　　　薦康有爲，說他學問淹長，才氣豪邁，熟諳西法，具有肝膽，請求光緒帝親
　　　　自召見他，破格委以重要官職。

書廖壽恒、戶部左侍郎張蔭垣等五人。榮祿首先發問。

　　榮祿問：「祖宗之法不能變！」

　　康有爲答：「祖宗之法，以治祖宗之地也，今祖宗之地不能守，何有
　　　　　　　於祖宗之法乎？即如此地爲外交之署，亦非祖宗之法所
　　　　　　　有也。因時制宜，誠非得已。」

　　廖壽恒問：「如何變法？」

　　康有爲答：「宜變法律，官制爲先。」

　　李鴻章問：「然則六部盡撤，則例盡棄乎？」

　　康有爲答：「今爲列國並立之時，非復一統之世，今之法律官制，皆
　　　　　　　一統之法，弱亡中國，皆此物也，誠宜盡撤，即一時不
　　　　　　　能盡去，亦當斟酌改定，新政乃可推行。」

　　翁同龢問：「如何籌款？」

　　康有爲答：「日本之銀行紙幣、法國印花、印度田稅，以中國之大，
　　　　　　　若制度既變，可比今十倍。」（《康有爲自編年譜》，頁42）

接著康有爲大談法律、度支、學校、農商、工礦政、鐵路、郵信、會社、海軍、陸軍等改革辦法。「並言日本維新，仿效西法，法制甚備，與我相近，最易仿摹」，於是拿出《日本變政考》和《俄大彼得變政記》兩書，供大臣參考。他侃侃而談，眾人直至天黑才散去。第二天，翁同龢將談話的內容與情形上告光緒，又推薦康有爲才堪大用：「康有爲之才過臣百倍，請皇上舉國以聽。」但是，恭親王奕訢再度出面阻撓，他建議光緒，可以先令康有爲條列變法的內容，若皇上覺得可以採用，屆時再召見也不遲。於是光緒命康有爲將建議上呈，並進呈《日本變政考》、《俄彼得變政記》兩書。

　　正月七日，康有爲上第六書，這就是著名的〈應詔統籌全局摺〉。此摺提出了「全變」的要求：

　　　臣聞方今大地守舊之國，未有不分割危亡者也，……觀大地諸國，
　　　皆以變法爲強，守舊而亡，然則守舊開新之效，已斷可睹矣。以皇
　　　上之明，觀萬國之勢，能變則全，不變則亡，全變則強，小變仍亡。……
　　　方今之病，在篤守舊法而不知變，處列國競爭之世，而行一統垂裳
　　　之法。（《七次上書彙編》，頁102）

他仍然建議推行新政，最好仿效日本明治維新，「臣故請皇上以俄大彼得之心爲心法，以日本明治之政爲政法也」。日本明治維新的變法綱領要義有三點：

考其維新之始，百度甚多，惟要義有三：一曰大誓群臣國是；二曰
立對策所以徵賢才；三曰開制度局而憲法。其誓文在決萬機於公論，
採萬國之良法，協民國之同心，無分種族，一上下之議論，無論蕃
庶，令群臣咸誓言上表，革面相從，於是國是定而議論一矣。召天
下之徵士、貢士，咸上書于對策所，五日一見，稱旨者擢用，於是
下情通而群才進。開制度局於宮中，選公卿諸侯大夫，及草茅才士
二十人，充總裁，議定參預之任，商榷新政，草定憲法，於是謀議
祥而章程密矣。日本之強效原於此。（《七次上書彙編》，頁 104）

康有為比照日本明治維新的三點綱領，請光緒皇帝也做三件類似的大事：一、
大集群臣於天壇、太廟或乾清門，宣布變法維新，「詔定國是」；二、設上書
所於午門，日輪派御史二人監收，許天下士民上書，不得由堂官代遞，以致
阻撓，有「稱旨」的，召見察問，量才擢用；三、設制度局於內廷，選天下
通才數十人，入直其中，皇上每日親臨商榷，訂立各種新章。這三件事的目
的：一是藉皇權以行新政、二是要讓維新派參與政權、三是設立一個新的行
政機構以推行新政。在此摺中，康有為提出了「特置制度局於內廷」的建議。
並於制度局之下分設法律、度支、學校、農、商、工、礦、鐵路、郵政、游
會、陸軍、海軍等十二局，分管其事，以推行新政的主張。

制度局為一「議政」單位。奏摺中說：

近泰西政論，皆言三權：有議政之官、有行政之官、有司法之官，
三權立，然後政體備。以我朝論之，……若部寺督撫，僅為行政之
官，譬於手足，但供奔持，豈預謀議。……刑曹當司法之寄，百官
皆備，而獨無左右謀議之人，專任論思之寄，然而新政之行否，實
關軍國之安危，而妄稱施行，主者不知別擇，無專司為之討論，無
憲法為之著明，浪付有司，聽其抑揚，惡之者駁詰而不行，決之者
倉卒而不盡，依違者狐疑而莫定，從之者條畫而不詳。是範人之形，
有頭目手足口舌身體，而獨無心思，必至冥行躓埴，顛倒狂瞀而後
已。（《七次上書彙編》，頁 104、105）

可見制度局是一最高的立法議政單位。在變法的過程中是絕對必要的，「故制
度局之設，尤為變法之原也」。

康有為第六次上書的內容，表達了維新派的改革綱領和施政方針，光緒
十分重視，馬上發下總署討論。翁同龢首先贊成開制度局，並打算推舉康有

爲進入制度局主持其事。

康有爲一方面上書皇帝以求變法；另一方面「欲續強學會之舊」，號召各省旅京人士創立學會，以振士氣。於是粵學會、蜀學會、閩學會、關學會等先後成立。光緒二十四年春，會試舉人又雲集北京。康有爲想集合眾人開會，得到御史李盛鐸的贊同，於是由他們兩人發起，組織了「保國會」。三月二十二日，保國會在粵東會館召開第一次會議，草定章程，「士夫集者數百」。康有爲登台演說，歷數兩個月來失地、失權之事。號召大家團結奮起，挽救危亡。他充滿希望地說：「果能合四萬萬人，人人熱憤，則無不可爲者，奚患於不能救！」不少人被他的演講所感動、流淚。後來保國會又集會兩次，每次都有百多人聽講。各省人士又陸續組織了保滇會、保浙會等。這時，京城公車如雲，康有爲門庭若市，每天來訪的人有數十起之多。

保國會是個愛國團體，但卻遭到后黨的敵視、破壞。吏部主事洪嘉與慫恿浙江孫灝出面攻擊康有爲，他代孫做了一篇〈駁保國會章程〉，其中說康有爲「將欲爲民主之教皇」，並將此文到處散發。於是謗言四起。李盛鐸見勢不對，竟然「參保國會以求自免」。四月七日，御史潘慶瀾上疏彈劾康有爲「聚眾不道」，軍機大臣剛毅準備乘機查禁，幸得光緒皇帝說：「會爲保國，豈不甚善！」康有爲才倖免於難。然而經此打擊，「賓客至交，皆避不敢來，門可羅雀，與三月時成兩世界矣！」保國會終不免形存實亡。

四月，光緒決心變法。他通過慶親王對西太后說：「我不能爲亡國之君，如不與我權，我寧遜位。」這時又適逢恭親王病死，變法運動無形中少了一個障礙。康有爲寫信給翁同龢，希望他抓住時機，敦促皇帝變法；又擬〈請定國是而明賞罰〉，建議光緒「大明賞罰，定國是而後能行新政」：

> 門戶水火，新舊相攻，當此外患交迫，日言變法，而眾論不一，如此皆由國是未定故。昔趙武靈之胡服，秦孝公之變法，俄彼得及日本維新之變法，皆大明賞罰，定國是而後能行新政。（《康南海自編年譜》，頁47）

二十三日光緒召集軍機全堂，下詔定國是，宣布變法。維新變法開始後，光緒採取的重大行動之一，就是與維新派領袖康有爲直接見面。在光緒正式宣佈變法的五天之後，也就是二十八日，光緒打破清朝皇帝不得召見小臣的「祖宗家法」，特旨召見康有爲於頤和園仁壽殿。這是光緒皇帝和康有爲的第一次正式會見。在這次會面中，二人倡談對變法的基本看法、變法的阻力、變法的步驟等。

君臣二人相談融洽。光緒準備要重用康有爲，但因榮祿、剛毅等的反對，只好暫時給他一個總理衙門章京上行走的小職位，但准予專摺奏事。

康有爲充分利用專摺奏事的特權，在百日維新期間，寫了許多奏摺，據初步統計，他自署名及代人草擬的奏摺有三、四十件。〔註3〕幾乎是每二、三天就寫一件。這些奏摺的內容，政治方面有：尊孔教爲國教、選才議政、許民上書、裁冗官、斷髮易服改元、開懋勤殿議制度、開制度局等。希望破格用維新人才和設立變法機構；經濟方面有：勸勵工藝、獎募創新、立商政、開農學堂、地質局、築鐵路、廢漕運、裁厘金等。要求保護工商業，發展新式農業；軍事方面有：停弓刀石武試、裁綠營、放旗兵、廣設武備學堂、大練海陸軍以強中國；文化教育方面有：廢八股試帖楷法取士、辦學校、譯新書，以培養新的人才。以上這些新政的建議，在過去歷次上書中大體已經涉及。這些奏摺的內容遍及政治、經濟、軍事、文化教育等。此外「自召見後，無數日不進書者」，他又用大部分時間、精力編纂了列國變政考。康有爲先後呈上《法國變政考》、《突厥守舊削弱記》、《波蘭分滅記》、《英國變政記》、《德國變政記》、《列國政要比較表》等書，各書都附有序文和按語，引證本國之事，斟酌損益，促進變法。介紹各國變法的情況，並總結歷史經驗教訓，以供中國的變法維新作借鏡。然而康有爲最重視的，還是《日本變政考》一書。

《日本變政考》全書「凡日本事自明治元年至二十四年，共十二卷」（附攝要一卷、政表一卷）。康有爲在上面加了許多按語。一方面分析日本各項改革措施的原因、方法、意義、成效、利弊；另一方面結合中國實際情況，指出哪些可以借鑑效法的，「每日本一新政，皆借發一義於案語中。凡中國變法之曲折條理，無不借此書發之」，康有爲實際上向光緒提供一本中國改革的藍圖。康有爲向光緒保證：「若以中國之廣土眾民，近採日本，三年而宏規成，五年而條理備，八年而成效舉，十年而霸圖定矣！」（〈進呈日本明治變政考序〉）光緒讀後，如獲至寶，「閱之甚喜」。往後光緒所頒新政詔旨，也多採用文中按語。

光緒在「百日維新」中，根據康有爲等維新派的建議，發佈一系列新政，主要內容列表如下：〔註4〕

〔註3〕可參考《康南海先生遺著彙刊》，第十二冊，其中收錄了〈補祿代草奏議〉，共三十三篇。

〔註4〕此表轉引自馬洪林著《康有爲傳》，頁172～175。

類別	除舊方面的建議	佈新方面的建議	時間（西元）
政治方面		大誓群臣，統籌全局，開制度局，推行新政。	六月十九日
	頒明詔，廢止八股。	成立孔教會。	六月十九日
	降斥阻撓新政許應騤。		六月二十日
	嚴懲造謠惑眾，攻訐新政者。	御門誓眾，雷屬風行地推行新法。	六月二八日
	指斥湖南阻撓新政的舊黨。	獎勵陳寶箴。	八月十日
	廢纏足惡習	禁止婦女裹足，獎勵各省不纏足會。	八月十三日
		學習西方制度，設立議院。	八月十九日
		令各局皆別設局差，選通才行走。	八月二九日
	懲辦阻撓新政的譚鍾麟。	議開懋勤殿以議制度。	九月十三日
經濟方面		獎勵新藝、新法、新書、新器、新學，以勵人才而開民智	六月二六日
		開商務局、立商學、振興商務。	七月十九日
		刊新政詔書，停止昭信股票。	八月十三日
		開農學堂、地質局以興農民而富國本。	八月十八日
		仿西法修治京師街道，行銷銀元，酌定價值。	九月十三日
軍事方面	停止弓、刀、石武試。	依照德、日制，廣設武備學堂。	六月十七、八
	裁綠營，放旗兵	改營勇為巡警，仿德、日練兵。	
		統計全局，大籌巨款，以行新政，練海、陸軍而強中國。	七月十五日後九月十五日前
文教方面		分別舉辦經濟特科。	六月十四日
	廢八股試帖楷法取士。	改試策論，將鐵路官本歲息繳充學校經費。	六月十七日
		各省歲科一律改試策論，將經濟歲科歸並正科。	六月三十日
		酌定各項考試文體。	七月六日
	改書院，廢淫祠。	省會之大書院改為高等學，府、州、縣之書院改為中等學，義學、社學改為小學，令兒童六歲皆入學。	七月十日
		酌採外國通行之法，參照中國情形，定中國報律。	七月三一日
		京師開編書局，編輯各國強盛弱亡及制度風俗之事。	八月十四日

　　雖然維新運動如火如荼地展開，但因光緒並無實權，所以詔書盡管頒下，各省督撫大都敷衍觀望，眞正照辦的事情並不多。不僅各省督撫敷衍觀望，就算已經實施的新政，也多變相施行。例如：

> 所云誓群臣定國是一條，以爲詔書兩下，國是已定，此條無庸議。所請選天下通才二十人置左右議度一條，乃改爲選翰詹科道十二人，輪日召見，備顧問，於是制度局一條了矣；我所請令臣民咸得上書一條，改爲職官遞本衙門，士民遞都察院。(《康南海自編年譜》，頁58）

甚至有與康有爲本意大相逕庭的，如：

> 我所請開法律局，定爲每部派員司，改定律例。夫司員無權無才，無從定之，又非採集萬國憲法，與我本意大相反矣！（同上註）

這種變相的施行，大大違反康有爲的本意，「於是所議，我摺似無一語駁者，似無一條不行，上亦無以難之，雖奉旨允行，而此摺又皆成爲虛文矣！」（同上註）使得康有爲新政的奏摺形同虛文！會有這種現象，一來由於「大官了事」，隨意敷衍，二來由於官員並沒有足夠的知識執行新政：

> 先是上摺請開農工局，並進呈農學圖，奉旨派端方、吳懋鼎、徐建寅辦理。端方者，剛毅之私人，但爲骨董之學者也；徐建寅者，裕祿之人也；吳懋鼎者，王文韶之私人也；惟徐建寅頗游外國，餘皆非能辦事者。是以各督撫皆藐上無權，抗不遵辦，於是心力稍倦，吾亦決意出京矣。（同上註）

六月，在光緒萬壽過後，康有爲進呈《波蘭分滅記》。他在書中特別強調，波蘭「士民受俄人荼毒之酷，國王被俄人控制之害，守舊黨退抑之深，後國王憤悔變法，俄使列兵禁制，不許變法，卒以割亡」。因此希望光緒以波蘭亡國作爲警惕，堅持掃除阻力、變法維新。光緒閱後，爲之唏噓，賞給康有爲編書銀二千兩。康有爲自上此摺後，因爲制度局未開，決定不復言事。

　　光緒破格提拔了四個倡導變法的官吏——侍讀學士楊銳、刑部主事劉光弟、內閣中書林旭、江蘇候補知府譚嗣同等爲軍機章京，官四品，作爲變法的參謀。因光緒無權加封二品以上大臣，故楊銳、劉光弟、林旭、譚嗣同等四人只能官至四品。雖然官品不高，但光緒倚重他們籌辦新政，「特加『參預新政』四字」，當時人稱「軍機四卿」，職權幾同於宰相。這四個人都與康有爲往來密切。光緒因忌諱西太后，所以不敢擢用康有爲，「故用譚、林、楊、

劉代之」。

后黨非常痛恨康有爲，希望將康有爲排擠出京，然後加害。當時形勢十分險惡，榮祿等每日造謠，甚至說光緒已得了重病，連衣衾棺槨都已經準備好了。很多人都爲康有爲擔心，勸他勿干政事。康廣仁認爲目前既然八股已廢，那麼民智將大開，中國必不亡，於是勸康有爲說：「上既無權，必不能舉行新政，不如歸去，選中、西文學者，教以大道，三年當必有成，然後議變政，救中國，未晚也！」康有爲回答說：「死生，命也，……有聖主在上，吾以救中國，豈忍言去哉？」

漸漸地，光緒變法的舉動，爲后黨所不能容忍。被罷黜的懷塔布、被撤去總署差的李鴻章、敬信聯合內務府，一起環跪在西太后跟前，告狀說光緒「妄變祖法」，請西太后訓政，但是太后不允。之後立山、楊崇伊、榮祿、慶親王再加上李蓮英，也一起去下跪，立山等甚至造謠說光緒派太監到各國使館，密謀除去太后，西太后聽到之後大怒，決定廢除光緒的帝位。光緒在一次向西太后請安駐蹕時，被告知天津閱兵日程，安排在九月，他有預感后黨會在閱兵時即行廢立。他十分驚慌焦急，接連兩次發出「密詔」說：「今朕位且不保，令與同志設法密救」，康有爲等看到密詔，「跪誦痛哭激昂，草密摺謝恩並誓死救皇上」不久，光緒又下明詔敦促康有爲出京以圖保全。

不久，政變爆發，光緒被囚，六君子遭捕殺。西太后下令通緝康有爲。榮祿派軍艦追捕，康有爲歷盡驚險，先逃到香港，後轉往日本。

光緒二十六年。西太后詔立端邵王載漪之子溥俊爲大阿哥，準備隨時廢掉光緒。康有爲得知後，形同晴天霹靂。此時正值義和團事件發生，朝廷手忙腳亂，列強進行武裝干涉，八國聯軍攻入京師。康有爲認爲這是推翻后黨、解救皇上的大好時機。於是動員全黨投入一切力量，組織「自立軍」準備要「興師勤王」。康有爲在新加坡主持一切；梁啓超在檀香山負責籌款，並計畫聯絡各事；澳門有何穗田、王鏡如、歐矩甲、韓文舉等負責；日本方面有葉湘南、麥孟華、羅普、麥仲華、黃爲之等負責；在兵力招募方面，則由「唐才常招撫長江兩湖豪傑，又收納青紅各幫眾凡十數萬，號自立軍」，唐自爲總司令。康有爲還希望得到列強幫助，求助於英國。英國爲了保護在華利益，表示願意幫助自立軍，擁湖廣總督張之洞割據長江上游。但是後來西太后向列強屈服，於是英國又改變態度。至於張之洞剛開始時，還採觀望態度，到後來局勢明朗，列強對西太后採取保全主義，於是張之洞就反過來捕殺唐才

常等二十多人，鎮壓了自立軍。

自立軍起義失敗，勤王不成。康有爲因爲滙款阻滯，遭到了譴責。保皇會出現離心傾向。這一切給康有爲很大的打擊。他避居南洋，思君憂國，心情十分苦悶。

光緒二十七年，當他聽到〈辛丑條約〉簽定的消息時，非常悲痛地寫下了一首七絕：

　　魏絳和戎豈有功？只愁雲霧蔽遼東。

　　憑將士氣扶中夏，淚灑山河對北風！〔註5〕

詩中感嘆自己身在異國，未能爲國出力。不久又聞英、俄對西藏地區加緊侵略，傳聞中、俄將簽訂〈西藏密約〉。他翹首遠望祖國山河，更不禁悲極涕零：

　　喜馬來山雲四飛，山河舉目淚沾衣。

　　此通藏衛無多路，萬里中原有是非。〔註6〕

光緒二十七、二十八年，他定居於印度大吉嶺，將全部精力投入著述之中，完成了《孟子微》、《論語注》、《大學注》、《春秋筆削微言大義考》等書的寫作。繼續以注解傳統儒家經典的方式，寓意變法思想，宣傳維新觀念；以抬高孔子地位來增強自己變法理論的權威。由以上可以得知《孟子微》基本上是一部宣揚變法思想的著作。

〔註5〕〈聞和議成，而東三省別有密約割與俄，各直省士人紛紛力爭〉。
〔註6〕〈望須彌山雲飛，因印度之亡，感望故國，聞西藏又割地矣〉。

第三章　《孟子微》的公羊學術淵源

　　在上一章第二節中提到康有爲在光緒十九年時，寫作《孟子大義考》、《孟子爲公羊學考》。他在題目上，直接點明了《孟子》爲公羊學。而《孟子微》「三世進化之義」的「三世」，也就是公羊學的「張三世」。可見《孟子微》與公羊學有很深的淵源。

　　《孟子微》與公羊學的淵源，又可以從康有爲對董仲舒的推崇中看出。雖然在《孟子微》中康有爲極力推崇孟子，「孟子乎眞孔門之龍樹、保羅乎！」（《孟子微・自序一》）、「傳平世大同之仁道，得孔子之本者也」（同上），但事實上，公羊大家董仲舒在康有爲的心目中，恐怕高於孟子：

> 然大賢如孟、荀，爲孔門龍象，求得孔子立制之本，如《繁露》之微言奧義不可得焉。董生道不高於孟、荀，何以得此？……善乎王仲任之言曰：「文王之文，傳於孔子；孔子之文，傳於仲舒。」故所發言軼荀超孟，實爲儒學群書之所無。若微董生，安復窺孔子之大道哉！（《春秋董氏學・自序》）

> 因董子以通《公羊》，因《公羊》以通《春秋》，因《春秋》以通「六經」，而窺孔子之道本。（同上）

> 董子爲《春秋》宗，所發新王改制之非常異義及諸微言大義，皆出經文外，……然而以孟、荀命世亞聖，猶未傳之，而董子乃知之。（《春秋董氏學・卷四・春秋口說第四》）

由以上的引文，可以明顯看出康有爲對董仲舒可謂推崇備至。因此，康有爲的思想必然受到公羊家董仲舒的影響。

本章將對公羊學的「三科」作一介紹，又康有爲可謂集清中葉以後公羊學發展之大成，因此本章也有必要探討清中葉以後公羊學的發展，藉此了解《孟子微》的公羊學術淵源與發揚。

康有爲的思想原本是屬於古文經的，爲什麼會由古文經轉向今文經、公羊學呢？這主要是受到公羊學家廖平的啓發。

第一節　廖平的啓發

光緒十四年，康有爲在第一次上書失敗之後，於隔年九月，離開了京師。十二月，回到了廣東準備「教授著書以終焉」。對於第一次上書不達，康有爲深感挫折，他寫了〈己丑上書不達出都〉二首，來表達自己的心境：

> 落魄空爲《梁父吟》，英雄遲暮感黃金。
>
> 長安乞食誰人識？只許朱公知季心！
>
> 海水夜嘯黑風獵，杜鵑啼血秋山裂；
>
> 虎豹猙獰守九關，帝閽沉沉叫不得。

前一首抒發懷才不遇的感慨；後一首則表達了與守舊勢力對抗的艱苦與無力感。

康有爲上書提倡變法以救亡圖存。變法本身是一種「除舊佈新」的運動。首先要「除舊」，要對抗並鏟除守舊勢力的阻撓；接著是「佈新」。要描繪出一個追求的理想，也就是告訴人們；如果一旦變法，將來會呈現出什麼樣新的局面？同時要達到這個新的局面，也確實有一套可行的方法、步驟。這些都需要一套變法的理論思想來架構與實現。就康有爲〈上清帝第一書〉的內容而言，除了強調變法改革的急迫性之外，並沒有進一步的具體內容或辦法。因此，康有爲有必要建立一套理論，爲將來的維新運動提供理論的依據。

光緒十六年春天，四川經學家廖平〔註1〕應兩廣總督張之洞之邀，來到了廣州，住進廣雅書院。康有爲聞訊之後，就約朋友黃季度一同前往拜會。廖平一生致力於經學研究。對於今、古文經的態度，剛開始主今、古中分，認爲今文經是孔學，古文經也是孔學，不同的是一爲孔子壯年之學，一爲孔子晚年之學；其後則一改觀點，「尊今抑古」，以爲古文經起於劉歆僞作，只有

〔註1〕 廖平（1852～1932），近代著名的今文經學大師。四川省并研縣人。原名登廷，字旭陵，光緒五年（1879）改名平，字季平。

今文經才是真正的孔學。其思想經歷了六次重大變化，先後號「四譯」、「五譯」、「六譯」先生。〔註2〕廖平在經學上作出了突出的貢獻，在近代思想史上具有重要的地位。他一生著述豐富，據統計一百五十種以上，大部分收集在《六譯館叢書》中。

廖平的〈辟劉篇〉與〈知聖篇〉，提出古文經典是西漢劉歆偽作，今文經典才是孔子的真傳。並說孔子是「受命於天」，是一位有德無位的「素王」。對孔子的評價，今、古文家之間有很大的不同。今文家認為《六經》皆孔子所作，孔子受天命，為「素王」，負有改制立法的使命，可見今文家對孔子有「神化」的傾向。古文家則尊奉周公，認為《六經》是古代史料，而孔子只是「述而不作」的傳述家。

康有為原本是偏重古文經典的，「吾鄉亦受古文經說」（〈偽經考後序〉）。他早年酷好《周禮》，尊崇周公。十九歲時從學於朱次琦，〔註3〕主要攻讀《周禮》、《爾雅》、《說文》等古文經典，後來寫作《何氏糾謬》、《教學通議》等書，也都遵從古文經學的立場。雖然他也研究今文經典，如《春秋公羊》，但對今文經學並不重視。

因此，當康有為遇上了廖平時，由於今文經與古文經的立場不同，他們在談論學術見解，開剛始議論多不相同。但是不久之後，康有為以一個政治改革家特有的敏銳與靈活，領悟到：今文經學可作為變法思想的利器，可以利用學術的觀點，從思想上來解決他目前在政治上所受到的阻礙。因為如果發揮廖平〈知聖篇〉的觀點，「神化」孔子，樹立起一位改革的聖人典範，那麼自己在提倡變法的運動上，不就有了歷史依據和權威嗎？又守舊派的學問思想，多以古文經為主，因此如果發揮〈辟劉篇〉的觀點，否定劉歆，進而否定古文經的學術傳統，如此一來，守舊派在學術立場上就站立不住了。於是康有為放棄了原本古文經的立場，接受了廖平的觀點。

在會見廖平之後的八年（光緒十七～二十四年）當中，康有為將所有的精力投注到今文經學上，大講今文經學，並模仿廖平的〈辟劉篇〉、〈知聖篇〉，分別完成《新學偽經考》和《孔子改制考》兩大「驚世駭俗」的鉅作。正如梁啟超所說的：若以《新學偽經考》比颶風，那麼《孔子改制考》就是火山大噴火、

〔註2〕 案：廖平認為自己的經學是孔子微言的「翻譯」，故以「譯」為號。

〔註3〕 朱次琦（1807～1881）字浩虔，一字子襄，號稚圭，世人尊稱為「九江先生」。講學於九江禮山草堂。

大地震了（《清代學術概論》，頁 129）。康有爲就以這兩部鉅作，奠定其變法思想的權威。

康有爲的今文思想除了受到廖平的啓發之外，還受到清代公羊家如劉逢祿、魏源、龔自珍等的影響。

> 吾嚮亦受古文經說，然自劉申受、魏默深、龔定庵以來，疑攻劉歆之作僞多矣，吾蓄疑於心久矣。（〈僞經考後序〉）

> 二千年之後能發揮《公羊》之學者，劉申受之釋例，何邵公之注，其功實大。（《南海師承記二·講公羊》）

康有爲提到的劉氏等三人有師生關係，同屬於常州學派，對清代中葉以後公羊學的發展具有領導的作用。因此本章將對常州學派和廖平等進行介紹，希望歸納出康有爲之前公羊學發展的重點與特色，進而了解《孟子微》中公羊思想的繼承與發展。

公羊學的中心思想在「三科九旨」，所以在正式探討清中葉以後的公羊學之前，先對「三科九旨」作一簡介。

第二節　公羊學「三科九旨」釋名

傳統今文學家認爲：孔子受天命而爲「素王」，負有「改制」的使命。也正因爲孔子只是「素王」，並非眞王，所以改制立法不能見之實事，只有「著之六藝，托之空言」，以「微言」的方式，寄託在《春秋》一書中，傳給後世帝王。

就《春秋三傳》——《左傳》、《公羊傳》、《穀梁傳》而言，一般公羊學家認爲《三傳》中，以《公羊傳》最能發明孔子寄託在《春秋》的「微言大義」。《公羊傳》對《春秋》的傳注條目，舊傳有五始、三科、九旨、七等、六輔、二類、七缺等。其中以「三科」和「九旨」最重要。〔註4〕

〔註4〕 至於三科九旨外的五始、七等、六輔、二類、七缺等名目，後世公羊家的說法大致相同。它們的內容，俱見於徐彥《公羊疏》（卷一）中。徐彥引東漢何休《文諡例》：「五始者，元年，春，王，正月，公即位是也。七等者，州、國、氏、人、名、字、子是也。六輔者，公輔天子，卿輔公，大夫輔卿，士輔大夫，京師輔君，諸夏輔京師是也。二類者，人事與災異是也。」又引《春秋說》：「七缺者，惠公妃匹不正，隱桓之禍生，是爲夫之道缺。文姜淫而害夫，爲婦之道缺。大夫無罪而致戮，爲君之道缺。臣而害上，爲臣之道缺。僖五年晉侯殺世子申生，襄二十六年宋公殺其世子座，殘虐枉殺其子，爲父

　　事實上，在《公羊傳》中，並沒有明文記載「三科九旨」的名稱和內容。「三科九旨」成為公羊學的主旨和綱目，是經過了歷代公羊學者努力的結果。由西漢董仲舒到東漢何休，最後到了徐彥等人，才訂定「三科九旨」成為後來公羊學的主要思想。

一、西漢董仲舒

　　所謂「三科」是指「張三世」、「通三統」〔註5〕、「異內外」。〔註6〕這三科的出現，最早都可以上溯到董仲舒的《春秋繁露》中。

　　首先，「張三世」方面。在《公羊傳》中，有三處出現「所見異詞，所聞異詞，所傳聞異詞」的語句。〔註7〕這句話的原義，可能是說明《公羊傳》的作者對於《春秋》經中的某些事件，因該事件發生的時間久遠，而「見者」、「聞者」或「傳聞者」的說法也都不一樣，互相存有「異詞」，因此作者不能對該事件作精確的記錄，如《公羊》「隱公元年十二月公子益師卒」：

　　　冬，十有二月。祭伯來。祭伯者何？天子之大夫也。何以不稱「使」？

　　　奔也；奔則曷為不言「奔」？王者無外，言「奔」，則有外之辭也。

　　　公子益師卒，何以不日？遠也。所見異辭，所聞異辭，所傳聞異辭！

這種因事件發生久遠，不能詳考而存有「異詞」、說法不同的現象，在史書中是很常見的。〔註8〕董仲舒將這一句話加以引申，以「有見」、「有聞」和「有傳聞」將魯國歷史分為三個階段：

　　　《春秋》分十二世以為三等，有見、有聞、有傳聞。有見三世、有聞四世、有傳聞五世。故昭、定、哀，君子之所見也；襄、成、宣、

之道缺。文元年，楚世子商臣弒其君髡，襄卅年，蔡世子殺弒其君固，是為子之道缺、桓公八年正月己卯烝，桓十四年八月乙亥嘗，僖三十一年夏四月四卜郊不從乃免牲猶三望，郊祀不修，周公之禮缺。是為七缺也矣。」可見這些條目的內容大都與政治有關，而訂定這些條目的目的，則是為了「矯枉撥亂，為受命品道之端，正德之紀也。」（徐疏引《文諡例》）

〔註5〕一名「存三統」。

〔註6〕一名「風內外」。

〔註7〕這三處分別是：「隱公元年十二月公子益師卒」條下，「桓公二年三月公會齊侯、陳侯、鄭伯于稷，以成宋亂」條下、及「哀公十四年春西狩獲麟」條下。

〔註8〕在《公羊傳》中有也有類似的語法，如在某事下注「無聞焉爾」亦凡三見，如「隱公二年十月紀子伯莒子盟于密」條下、「桓公十四年五鄭伯使其弟語盟」條下、及「文公十四年九月宋子哀來奔」條下等。這表示該事未曾聞知，所以不加評論或解釋的意思。

文，君子之所聞也；僖、閔、莊、桓、隱，君子之所傳聞也。

所見六十一年、所聞八十五年、所傳聞九十六年。(《春秋繁露‧楚莊王》)

在《公羊傳》中「所見」、「所聞」、「所傳聞」，並不是用來作爲劃分歷史時代的標準。董仲舒卻將《春秋》中魯國世系的十二公，分成三個時段。製成表格如下：

三　世	魯國世系十二公	時　間	備　　註
有傳聞五世	1. 隱公（前 722～712） 2. 桓公（前 711～694） 3. 莊公（前 693～662） 4. 閔公（前 661～660） 5. 僖公（前 659～627）	61 年	君子之所傳聞也
有聞四世	6. 文公（前 626～609） 7. 宣公（前 608～591） 8. 成公（前 590～573） 9. 襄公（前 572～542）	85 年	君子之所聞也
有見三世	10. 昭公（前 541～510） 12. 定公（前 509～495） 13. 哀公（前 494～476）	96 年	君子之所見也

昭、定、哀三世稱爲「有見三世」，這是因爲孔子生於昭、定、哀三世，所以對這三世所發生的事件，皆能親眼看見，故稱「有見」；至於孔子未出生前的魯國九世，孔子當然不能目睹當時發生事件，只能靠傳聞，故稱這九世爲「有聞四世」及「有傳聞五世」。

這樣的區分，對董仲舒而言，其實沒有特別的用義，可能只是「辭與情俱」而已：

於所見微其辭，於所聞痛其禍，於傳聞殺其恩，辭與情俱也。(《春秋繁露‧楚莊王》)

也就是說，董仲舒認爲「基於情感的因素」，孔子對於自己當世發生的事件，發表看法時，「不好意思」大加撻伐，只能隱約其辭，微加諷喻；相對地，對於久遠的事，因「年久恩淺」，所以可以直言其詳，無庸避忌，也就是董仲舒所謂的「吾見其近近而遠遠，親親而疏疏也」(《春秋繁露‧楚莊王》)。這一

段話在董仲舒的思想體系中並沒有特殊的地位，在他所著《春秋繁露》的其他篇章中也未見發揮。

其次，在「異內外」方面。則被上溯至董仲舒的另一句話：

> 親近以來遠，故未有不先近而致遠者也。內其國而外諸夏，內諸夏
> 而外夷狄，言自近者始也。（《春秋繁露・王道》）

這句話的意思，不過表現出施政順序「自近及遠」的通則。並沒有特別的涵義。

最後，在「通三統」方面。雖然清末公羊學者多認為「三科九旨」為西漢公羊學說的重點，但是事實並不然。三科中的「張三世」與「異內外」二科，雖然都出現在《春秋繁露》中，但是對於董仲舒的公羊思想而言，並不重要。反是「通三統」一科，才是董仲舒，乃至於整個漢代公羊學說發展的重點，這是因為時代背景使然。

經由秦、漢大一統之後，改制的需要十分迫切。因此必須有一個史觀能為朝野所共同接受，同時為改制提供一學理上的依據。在這種時代背景底下，董仲舒吸收了鄒衍「五德終始說」的循環史觀，〔註9〕創立了「三統說」。〔註10〕所謂「三統」就是黑統、白統和赤統。若將三統與三代相配，則夏為黑統、商為白統、周為赤統；三代之後，也就是繼周而起的朝代，又從黑統開始。〔註11〕如此終而復始，循環往復。基本上，「通三統」是一個循環的史觀，說明朝代的更迭是正常而必然的。它可以說為漢朝的建立，提供了理論依據。

朝代更替是必然的，出自於天意，所謂「王者必受命而後王」。「三統說」的理論，在強調三統的循環，也就是朝代的更替，它不是人力所能控制。所以一新王的興起純然是天意感召。當某人受了天命之後，就可以起來推翻「舊統」，建立「新統」，如孔子「繼周」（赤統）而成為黑統，就是「天命」。〔註12〕

〔註 9〕 鄒衍，戰國末期齊國人，為陰陽家。以「五行相勝」的學說解釋各個朝代的興亡，將每個朝代分別與「金、木、水、火、土」五行中的一行（一德）相對應，從而以五行相剋，說明朝代更替的必然性。由於五行相剋是個循環往復的過程，因此朝代更迭也是個循環往復，以至無窮的過程。

〔註10〕 除了「三統」之外，董仲舒還提到「有四而復者，有五而復者，有九而復者」，但大致而言，主要的概念還是「有三而復者」的「三統說」。

〔註11〕 一般公羊學者認為「繼周而起」的是作《春秋》的孔子，故孔子為黑統。

〔註12〕 但是值得注意，董仲舒並不在強調君權的「神聖不可侵犯」，而是藉由「天命」，來說明了君位的傳承，「易姓，非繼仁（人）」，並不是私相授受的「家天下」，而是「天下乃天下之天下，非一人之天下也」。

一旦建立「新統」、新的王朝之後，接下來又要配合「三統」來改制，如「改正朔，〔註13〕易服色」〔註14〕等。在訂定新制時，應以前二統，作爲參考、借鑑。例如：

> 故《春秋》應天，作新王之事，時正黑統，王魯，尚黑，絀夏親周
> 故宋。（《春秋繁露・三代改制質文》）

董仲舒認爲，「《春秋》應天，作新王之事」，因此在改制上，必須向前推溯二代，以周、殷爲二統，作爲訂定新政治制度的參考，所謂「親周（一名新周）」、「故宋（一名故殷，因殷之後封於宋）」。而二統之前的「夏」，則因年遠遂失去了參鑑的價值，故絀之。〔註15〕

除了「三科」之外，公羊家常提到的「文質」觀念，也是始於董仲舒。他說：

> 王者以制，一商一夏，一質一文，商質者主天，夏文者主地。……
> 主天法質而王，其道侠陽，親親而多質愛，……主地法文而王，其
> 道進陰，尊尊而多禮文。（《春秋繁露・三代改制質文》）

> 《春秋》二百四十二年之文，天下之大，事變之博，無不有也。雖
> 然，大略之要有十指。十指者，……承周文而反之質，一指也。（《春
> 秋繁露・十指》）

董仲舒以「文質」言「三統」，以「文」、「質」的交嬗，來概括綿延不盡的「三統」。後世每當到了政治需要改革時，公羊家就會提出「改周之文，從殷之質」的思想。

二、東漢何休

「三科九旨」散見於董仲舒的《春秋繁露》中，同時除了「通三統」，其餘的二科「張三世」與「異內外」並沒有特殊的含意。到東漢何休才將「三

〔註13〕所謂「改正朔」是將「三統」與曆法相配：黑統建寅──以十三月爲正月；
　　　　白統建丑──以十二月爲正月；赤統建子──以十一月爲正月。

〔註14〕如孔子爲「黑統」，所以在「改正朔」方面，要「斗建寅」；「易服色」方面，
　　　　「故朝服黑、首服藻黑、正路輿質黑、馬黑、……、旗黑、大寶玉黑、郊牲
　　　　黑、……」（《春秋繁露・三代改制質文》）

〔註15〕皮錫瑞認爲「存三統」爲「古制」。他說：「存三統尤爲世所駭怪，不知此是
　　　　古時通禮，並非春秋創舉。……春秋存三統，實原於古制，建漢以後，不更
　　　　循此推遷之次，……蓋古義之湮晦久矣。」（《經學通論》卷四，頁718）

科九旨」的內容集結起來。清代陳立說：

> 春秋設三科九旨，其義如何？答曰：何氏之意，以爲三科九旨正是
> 一物，若總言之謂之三科，科者段也；析而言之，謂之九旨，旨者
> 意也。故何氏作文謐例云：三科九旨者，新周、故宋、以春秋當新
> 王，此一科三旨也，又云：所見異詞、所聞異詞、所傳聞異詞，二
> 科六旨也。又，內其國而外諸夏，內諸夏而外四夷，是三科九旨。（見
> 陳立《公羊義疏》第一冊，頁4所引）

首先，何休繼承了西漢公羊學發展的重點，將「新周、故宋、以春秋當新王」
的「通三統」，作爲三科之首；其次，將「九旨」分別納於「三科」之中，以
一含三。〔註16〕

何氏不但接受了董仲舒對「所見、所聞、所傳聞」的說法：

> 所見者，謂昭、定、哀，己與父時事也；所聞者，謂文、宣、成、
> 襄，王父時事也；所傳聞者，謂隱、桓、莊、閔、僖，高祖曾祖時
> 事也。異辭者，見恩有厚薄、義有深淺，時恩衰義缺，將以理人倫，
> 序人類，因治制亂之法，故於所見之世，恩己與父之臣尤深，大夫
> 卒有罪無罪皆日錄之，丙申季孫隱如卒是也。於所聞之世，王父之
> 臣恩少殺，大夫卒無罪者日錄，有罪者不日略之，叔孫得臣是也。
> 於所傳聞之世，高祖曾祖之臣恩淺，大夫卒有罪無罪皆不日，略之
> 也，公子益師無駭卒是也。（《春秋公羊經傳解詁》，「隱公元年十二
> 月公子益師卒」條下注。）

又加以引申：

> 於所傳聞之世，見治起於衰亂之中，用心尚麤觕，故內其國而外諸
> 夏，先詳內而後治外。……於所聞之世，見治升平，內諸夏而外夷
> 狄，……。至所見之世，著治太平，夷狄進至於爵，天下遠近小大
> 若一，用心尤深而詳。（同上）

〔註16〕「新周、故宋、以春秋當新王，此一科三旨也」，這是「通三統」；「所見異詞、
所聞異詞，所傳聞異詞，二科六旨也」是指「張三世」；「內其國而外諸夏，
內諸夏而外四夷，是三科九旨」是指「異內外」。但這裏須指出一點：何休所
說的「三科九旨」實際只有「三科八旨」，在「異內外」一科中只有「內其國
而外諸夏」和「內諸夏而外四夷」二旨，還缺少一旨。蔣維喬著《中國近三
百年哲學史》中，曾指出這一漏洞，他認爲「何氏遺漏內外（夷夏）合一一
旨」，如果以何休《公羊解詁》中的原辭來講，應該爲「夷狄進至於爵，天下
遠近大小若一」。

何休在三世的劃分上與董仲舒一致。但他突破了董仲舒三世說的「辭與情俱也」的情感因素和筆法特點，增添了簡單的社會歷史內容。從「內外」義的初次出現，它就和「三世」有著密不可分的關係。因爲「三世」發展的最終目的是爲了「撥亂起治」，而「內外」則指出在撥亂起治的過程中，應該「自內而外」、「由近及遠」。因此「內外」義就成了「三世」義中的空間因素。何休將二者——「張三世」與「異內外」相配合，從而描述出魯國的歷史：所傳聞世，處於亂世之中，諸侯割據，華夏尚未統一，各諸侯只能「內其國外諸夏」；所聞世，實現升平，諸侯割據結束，華夏統一，於是「內諸夏而外夷狄」；所見世，進入太平世，天下大一統，「夷狄進至於爵，遠近大小若一」。他將三科中的「張三世」與「異內外」結合，描繪出了一種「進化」的歷史觀。後世的「三世說」與其所隱含「進化觀」，由此現出了端緒。

但是何休所提到的「魯國三世史」，並不符合眞實的魯國歷史。因爲在《春秋》中魯國越往後是越「亂」的，而公羊家卻反認爲越往後越「治」。如昭、定、哀之際，不是大一統的太平世，而是日趨分裂的時期。因此何休說昭、定、哀爲「太平世」，只是「文致太平」，即理想中的太平。所以何休「三世說」所表達的只是一種「思想的發展史觀」。〔註17〕

三、北朝徐彥〔註18〕

徐彥著有《公羊傳何氏解詁疏》。其書爲問答體，在該書所設的問題中，提到了宋氏〔註19〕注《春秋》時對「三科九旨」的詮釋：

> 三科者：一曰張三世，二曰存三統，三曰異內外，是三科也；九旨者，一曰時，二曰月，三曰日，四曰王，五曰天，六曰天子，七曰譏，八曰貶，九曰絕。時與日月，詳略之旨也；王與天王天子，是錄遠親疏之旨也；譏與貶絕，是輕重之旨也。〔註20〕

對於「三科九旨」，何休雖然提到每一科的內容，以及「三科」和「九旨」之間的關係，但並沒有對每一科命名。到了宋氏，才正式爲「三科」定名爲「張三世」、「存三統」以及「異內外」。於是後世所用的「三科」名目，自此而定。

〔註17〕參見楊向奎：《論何休》，《繹史齋學術文集》。
〔註18〕徐彥的年代不詳。
〔註19〕此「宋氏」不知何許人也。
〔註20〕見陳立《公羊義疏》第一冊，頁4所引。

第三節　公羊學發展的特色──爲政治現實的需要
提供理論的依據

　　《春秋》是一部「政治歷史」，描寫魯國的政治。《公羊》雖然「發明」《春秋》，但是依然必須局限在「政治史」的內容之下，而它的主要的思想「三科九旨」也是以政治爲對象。因此，理論與政治現實緊密結合，乃是公羊學在內容方面的主要特色。

　　從公羊學的發展歷史來看，《公羊》學說和政治現實通常維持著緊密的關係。由於武帝的獨尊儒術，《公羊春秋》取得學官的地位而盛極一時，使得「通三統」在當時政治環境中，無形中變成了一種權威，常爲西漢君臣在論政時所引用。例如：

> 匡衡議殷後曰：「王者存二王後，所以尊其先王而通三統。」（錢穆《兩漢經學今古文平議》，頁 23）

> 劉向上疏：「王者必通三統，明天命所授者博，非獨一姓也。」（《漢書‧楚元王傳》）

> 谷永論災異：「垂三統，列三正，去無道，開有德，不私一姓。明天下乃天下之天下，非一人之天下也。」（《漢書‧谷永傳》）

> 成帝詔書：「蓋聞王者必存二王之後，所以通三統也。」（《漢書‧成帝紀》）

尤其到了西漢末年，在政經局勢動盪不安之下，「三統說」結合了「災異論」，在當時被視爲改革的徵兆，如：

> 昭帝元鳳三年，眭孟見「大石自立、僵柳復起，非人力所爲，此當有從匹夫爲天子者。」即說曰：「漢帝宜誰差天下，求索賢人，禪以帝位，而退自封百里，如殷周二王後，以承順天命。」霍光惡之，坐大逆不道伏誅。（《漢書‧眭孟傳》）

> 成帝建始三年，谷永對策：「白氣起東方，賤人將興之表也。黃濁冒京師，王道微絕之應也。」（《漢書‧谷永傳》）

「三統說」的主旨之一，強調「天下乃天下之天下，非一人之天下也」，這給予改革者藉口。同時「王者必受命而後王」，只要有「天命」就可以推翻政權。但是要如何知道天意呢？這就要從大自然的現象、災異來解讀。因此「三統說」結合「災異論」，往往被視爲改革的徵兆與藉口。例如康有爲就藉由「祖

陵出崩」，請光緒及時變法。

《公羊》學說和政治現實緊密結合，但是政治問題常隨著朝代而不同，因此理論本身也往往跟著調整。例如，漢代公羊學的發展、應用，偏重於「通二統」　科。以此科爲核心，再輔以「改制受命」、「符瑞災異」等技術性的細節，就成了漢代公羊學發展的重點；到了宋代，由於長期的積弱，以及外患不斷地侵擾下，於是開始強調《春秋》中的「夷夏大防」，這時「異內外」反倒成了春秋學中的第一要義；到了清代中葉，由於清代是外族統治的時代，在這種政治環境底下，公羊家所要努力的是將滿清政權予以「合理化」。於是「異內外」成爲最值得研究的「微言大義」；到了清末，爲了「撥亂起治」、變法圖強，於是「張三世」的發展反而躍居「三科」之首。在《孟子微》中，康有爲所要闡發的就是孔子「三世進化之義」。

第四節　清中葉以後的公羊學發展

清代中葉以後的公羊學，以常州學派和廖平爲主。常州學派中，最具有影響力的公羊學者，主要有莊存與、孔廣森、劉逢祿、宋翔鳳、龔自珍、魏源等六位。以下將分別介紹他們在公羊學方面發展的重點與特色。

一、莊存與（字方耕，武進人，1719～1788）

常州學派由莊存與開始。在他的公羊學的著作中，以《春秋正辭》〔註21〕最爲重要。梁啓超說：「（劉逢祿）著《春秋正辭》，刊落訓詁名物之末，專求其所謂『微言大義』者，與戴段一派所取塗徑全然不同」（《清代學術概論》，頁 75）。全書分爲九個「正辭」，也就是莊存與所謂的「九旨」。它們分別是奉天、天子、內、二伯、諸夏、外、禁暴、誅亂、傳疑。主要探討的是「內外」，也就是「夷」、「夏」之間的關係。莊存與不採取如宋代「夷夏大防」，對外族採敵對的態度，而主張「夷狄入中國則中國之」的看法。他認爲只要滿族能接納中國的標準，即可以中國視之：

> 夷狄之有君，不知諸夏之亡也，楚子軫知大道矣。（同註 21，三八二：一）

> 其國未嘗不存，……非楚之所能滅。（同上，三八二：十一）

〔註21〕莊書見《皇清經解》（台北：復興，1972），第三七五至三八七卷。

　　　　中國而夷狄則夷狄之，以同而異也。（同上，三八四：十二）

在宋儒的《春秋》思想中，滿族屬於夷狄。現在君臨中國，是應該加以「夷狄
入中國則中國之」的合理化。基本上，公羊家的立場是只要外族接受中國文化，
則可以忽略血統因素，一體視之，當然這是為滿族政權合理化的一個有力論證。

　　　　王者天之繼也……天者人之性也……欲其子孫之仁且孝，必以中國

　　　　之法為其家法。（同上，三八二：六）

既然漢人承認了以文化而非以血統為本位的夷夏觀，則滿族的「天子」也必
須符合一些公羊學中的標準。〔註22〕當時最不合理的大概就是皇族政權的世
襲，所以莊存與在這一點上大加發揮：

　　　　天下無生而貴者，皆其父母之子也。（同上，三七七：十一）

　　　　官人以世，實違天紀。（同上，三七五：七）

　　　　彼世卿者，失賢之路，蔽賢之蠹也。（同上，三七六：十一）

莊存與之所以如此強調，可能是鑑於當時漢人在政治上的地位遠不及世襲的
皇族權貴。「譏世卿」〔註23〕成了《春秋正辭》中極重要的一個關鍵。

　　　由於「內外」義的強調，相對地，「三統」與「三世」在莊存與的《春
秋正辭》中退居一個極不重要的地位。它們只出現在「正奉天辭」的子目之
中：建五始、宗文王、大一統、通三統、備四時、正月日、審天命、察五行
祥異、張三世、俟後聖。可見這原本十分重要的二科，並不為莊存與所強調。

二、孔廣森（字巽軒，曲阜人，1752～1786）

　　孔廣森是莊與存的門人，同時也是戴震的學生。著有《公羊通義》。對「內
外」義的重視更勝於莊存與：

　　　　春秋之為書也，上本天道、中用王法、而下理人情。……天道者，一

　　　　曰時，二曰月，三曰日：王法者，一曰譏、二曰貶、三曰絕：人情者，

　　　　一曰尊、二曰親、三曰賢。此三科九旨既布，而壹裁以內外之異例、

　　　　遠近之異辭。（孔廣森《公羊通義》，見《皇清經解》，六九一：一）

他以「內外」、「遠近」統攝其自創的「三科九旨」。

　　和莊存與相同地，孔廣森對「三世」也不甚在意：

〔註22〕這也見出為何《春秋正辭》以「奉天」、「天子」為首要二義的原因。
〔註23〕《公羊傳》「隱公三年四月辛卯尹氏卒」條下：「譏世卿，世卿非禮也。」

舊說……斷自孔子生後即爲所見之世，廣森從之。（同上，六九一：
七）

他對「三世」的看法是「所見、所聞、所傳聞」，而不是「撥亂、升平、太平」
三世。而且是出於一種考據家的態度。至於「三統」，孔廣森則加以攻訐：

博士弟子因端獻諛，妄言西狩獲麟是庶姓劉季之端，聖人應符爲漢
制作，黜周王魯以春秋當新王云云之說，皆絕不見本傳，重自誣其
師以召二家之糾摘矣！（同上，六九一：一）

在以《公羊》思想注經方面，孔廣森注意到《孟子》。他說：「愚以爲公
羊家學獨有合於孟子」，這下啓清末康有爲以《公羊》釋《孟子》的先聲。

梁啓超站在清末公羊家的立場，批評孔廣森「不明家法」（《清代學術概
論》，頁 75）。錢穆也說他「不遵南宋以來，謂《春秋》直書其事，不煩褒貶
之義，然於何休所定三科九旨，亦未盡守。」（《中國近三百年學術史》，頁
528）孔廣森公羊學內容，可能有不符「家法」的地方，但基本還是符合公
羊學發展的特色，也就是政治現實的需要大過於學統的傳承。十八世紀末的
中國有其特定的背景，莊存與和孔廣森二人的公羊學正反映了他們對政治現
實的關切。在當時，「內外」是最值得研究發揮的，它是撥正滿族政權的「微
言大義」；至於「三世」不過是「撥亂起治」的意思，既然將滿族政權合理
化，就沒有必要再強調「改朝換代」的「三統」的觀念，而且，理論上，清
代已保留了元、明二朝的皇族後裔，符合了三統「借鑑」的用意，因此對清
代的思想家而言，如果再強調以前二代爲借鑑或憲章的參考，未免多此一舉。

孔廣森被清末公羊學者視爲不明「微言大義」，甚至不承認他爲「正統」
的公羊家。然而由漢代的董仲舒、何休以下，每一代的公羊家都有其獨特的
見解，基本上，公羊家在發展理論時，只要接受孔子作《春秋》的說法，進
而闡述《公羊傳》中極富彈性的「微言大義」，最後將理論和時政結合，呈現
出一種政治的理想，就符合了公羊精神。除此之外，實在沒有必要用任何「法
定」的「三科九旨」來作爲檢驗其正統性的標準。

三、劉逢祿（字申受，武進人，1776～1829）

劉逢祿是莊存與姪子（莊述祖）的外甥。〔註24〕劉氏爲常州學派的重鎮，

〔註24〕劉逢祿和宋翔鳳都是莊述祖的外甥。莊述祖曾說：「吾諸甥中，劉申受可以爲
師，宋于庭可爲友。」（轉引自錢穆：《中國近三百年學術史》，頁 583）可見

也是清代公羊學中承先啓後的人物。梁啓超稱讚他說：

> 著《春秋公羊經傳何氏釋例》，凡何氏所謂非常異義可怪之論，如張
> 三世、通三統、絀周王魯、受命改制諸義，次第發明。其書亦用科
> 學的歸納研究法，有條貫、有斷制，在清人著述中實最有價值之創
> 作。（《清代學術概論》，頁 75、76）

下文將討論的清中葉公羊學健將龔自珍和魏源，都是劉逢祿的學生。同時，
劉逢祿的作品更對清末公羊學者有著直接的啓發，在清末作品中常見徵引。

　　劉逢祿承繼其外家之學，並且將兩漢公羊學中最完備的何休注重新加以
發皇。劉逢祿重新標舉出何休的「三科九旨」，作爲「微言大義」的中心，使
得東漢何休「三科九旨」的公羊家法，在清代中葉再度成爲公羊學的綱領。
他在何休的模式裏加上合乎時代需要的解釋，一方面符合了經學講究「家法」
的標準，另一方面也不敢與當時的考證之風衝擊太大。劉逢祿在《春秋經》、
《公羊傳》乃至於何注方面的著作很多，計有《春秋論》、《公羊何氏解詁箋》、
《公羊何氏釋例》、《發墨守評》、《箴膏肓評》、《穀梁廢疾申何》、《左氏春秋
考證》以及《論語述何》等，俱有其重要性。

　　劉逢祿公羊學發展重點，約之如下。首先，以「異內外」爲主。劉逢祿在
《公羊何氏釋例》中，將《公羊傳》中何注所闡發的「義例」分成三十類。沿
襲何休的傳統，以「張三世」、「通三統」及「異內外」三例居前三位。〔註25〕
劉逢祿正如上文所提到兩位公羊學家一樣，實際上是以「內外」作爲公羊思想
的核心。因爲「內外」仍是劉逢祿在滿族政權下，所必須解決的問題。他說：

> 余覽《春秋》進黜吳、楚之末，未嘗不歎聖人馭外之意至深且密
> 也。……慨然深思其故，曰：中國亦新夷狄也。……故觀於《詩》、
> 《書》，知代周者秦，而周法之壞，雖聖人不可復也。觀於《春秋》，
> 知天之以吳楚狄主中國，而進黜之義，雖百世不可易也。張三國以
> 治百世，聖人憂患之心，亦有樂乎此也。（見《皇清經解》，一二八
> 六：八）

實際上泯沒了滿、漢血統上的界限，而以文化上及政治上的考慮爲著眼。這

對劉逢祿的推重。

〔註25〕固然「張三世」、「通三統」及「異內外」三例居於前三位，但不能就說它們
　　　　是劉逢祿所唯一強調的重點。事實上，諸如「時月日」、「譏」、「貶」、「誅絕」
　　　　等，也在這三十例中居於十分重要的地位，而它們正是宋氏的九旨。因此，
　　　　劉逢祿基本上是採取了兼容並蓄集大成的態度。

一點是符合當時狀況的，因爲在嘉慶初年，並沒有必要在公羊思想中，附會排滿革命思想的必要。劉逢祿所重視的毋寧是未來的規劃。掌握住這一點，才能明瞭清末公羊學者支持清廷立場的由來。同時也可以解釋，當清末西方——新的夷狄，侵略中國時，公羊學者不一味採敵對態度，而能勇於接納、學習西方的政制及學術思想。

既然承認衰亂的中國一如「新夷狄」，而「聖人以中外狎主承天之運，而返之於禮義。所以財成輔相天地之道，而不過乎物」（同上），在清室接受「中國」「仁義」的前提之下，即應在當時的實際政治基礎上續作規劃，他說：

> 余覽《春秋》……深探其本，皆詳內以略外……形勢雖強，要以仁義爲本，允哉！（同上，一二八六：七）

於是標舉孔子「爲萬世制法」的意思，而用春秋的「微言大義」來作興革的標準：

> 屬幽之亡，不生孔子，天將以《春秋》之制統三王而正萬世也。（同上，一二八三：廿一）

> 夫用聖人者天也，天不欲孔子救東周之亂，而命以《春秋》救萬世之亂。（同上，一二八七：八）

顯然，「萬世」是包含了清代的。

其次，他同時也注意到「三統」。雖然劉逢祿也一如清中葉其他公羊學者一樣，實際上是以「內外」作爲思想的核心，但是，他有一點與莊存與和孔廣森不同，那就是他同時也強調「三統」。

劉逢祿的「三統」，仍然是伴隨著「文質」來討論的：

> 自後儒言之，則曰法後王；自召人言之，則曰三王之道若循環，終則復始，窮則反本。非僅明天命所授者博，不獨一姓也。夫正朔必三而改，故《春秋》損文而用忠。文質必再而復，故《春秋》變文而從質。（同上，一二八〇：八）

「《春秋》變文而從質」，然而「質」在何處？

> 王者必通三統，而治道乃無偏而不舉之處。（同上，一二八〇：八）
> 《春秋》通三代之典禮，而示人以權。（同上，一二八〇：九）
> 故持《春秋》以決秦漢之獄，不若明《春秋》以復三代之禮。（同上，一二八四：十五）

他以「三代」作爲標榜，而其中最推崇周朝。主張恢復周初的封建制：

> 聖人將以禁暴誅亂而維封建於不敝也。夫周之末失，強侵弱，眾暴
> 寡，士民塗炭，靡有定止。不思其所由失，而曰封建使然，於是悉
> 廢而郡縣之，而天下卒以大壞。……然則《春秋》救周之敝將奈何？
> 曰：制國如周初。……雖萬世不敝可也。……君國子民，求賢審官，
> 以輔王室，以救中國。持世之要務，太平之正經，《詩》終殷武之意
> 也。（同上，一二八八：七、八）

可見劉逢祿的「三統」論中，新統的出現並不強調受天命以改朝換代，而比
較著重現況的改革。他提出「制國如周初」建議。這開啓了清末公羊學者對
封建制度研究的興趣。

　　至於清末最重視的「三世」義，劉逢祿雖然沿承何休的次序，論列在三
科之首，但實際上仍附麗於「三統」、「內外」之下。不過是一「撥亂起治」
的概念而已：

> 《傳》曰：親親之殺，尊賢之等，禮所生也。《春秋》緣禮義以致太
> 平：用坤乾之義，以述殷道；用夏時之等，以觀夏道。等之不著，
> 義將安放？故分十二世以爲三等。……由是辨內外之治、明王化之
> 漸、施詳略之文。（同上，一二八○：四）

> 《春秋》起衰亂以近升平，由升平以極太平。……治不可恃……亂
> 不可久。（同上，一二八○：五）

　　再次，劉逢祿以《公羊》思想詮釋《五經》。除了標榜何休的「三科九旨」
爲家法，並加以詮釋之外，劉逢祿另一個重要的影響，就是以《公羊》思想
詮釋《五經》。這造成了由《公羊》擴及於今文經學的全面研究。他在《春秋
公羊何氏釋例》中說：

> 故不明《春秋》，不可與言《五經》。《春秋》者，《五經》之筦鑰也。
> （同上，一二八○：九）

同時實際地以《五經》中的要義與《公羊春秋》互相參證：

> 《易》之六爻，夏時之三等，《春秋》之三科，是也。（同上，一二
> 八○：四）

> 《詩》之言三正者多矣，而尤莫著于三頌。……非新周故宋，以魯
> 頌當夏，而爲新王之明徵乎！（同上，一二八○：九）

劉逢祿的《論語述何》，就是以《公羊傳》何注的精神去重新詮釋《論語》。
因此在該書中，公羊的術語隨處可見：

學，謂刪定《六經》也。當春秋時，異端萌芽已見，夫子乃述堯舜三王之法，垂教萬世。(《皇清經解》，一二九七：一)

多見闕殆，謂所見世也。(同上，一二九七：五)

繼周者，新周故宋以《春秋》當新王。(同上，一二九七：五)

春秋大一統，必自近者始。(同上，一二九八：三)

此外，《論語述何》中還有另一值得注意的地方，那就是劉逢祿將孔子弟子分成兩大派，一志於撥亂，一志於太平：

先進謂先及門，如子路諸人，志於撥亂世者；後進謂子游、公西華諸人，志於致太平者。(同上，一二九八：一)

聖人所與共制作者，惟顏氏父子……天喪素臣，而二帝三王之治道，夫子之微言或幾乎息矣。(同上，一二九八：五)

隱然指出孔子有早晚境界之分，而弟子中只有顏淵能夠「盡傳」，但不幸早逝！這使得孔子之道「分傳」與兩派弟子。這種說法爲廖平、康有爲等所接受，並大加發揮。這種說法的運用，在本文下一章的「《孟子微》中的『神化孔子』」將會提及。

在清代，五經是考據家們的專業，而《論語》更是士子必讀的書籍，尤其它是宋明理學所新標舉出來的儒學核心之一，因此把公羊學的義例援引過來解釋《論語》，對當時的思想具有重大的意義。清末公羊學者對這方面的承襲更是極其明顯。在劉逢祿之後，公羊學者即將《論語》中的有關篇章納入了公羊學的體系之內。加上在孔廣森時已被重視的《孟子》，使得清代的公羊學逐步邁向一內部完備的系統。

劉逢祿把春秋公羊學的範圍拓展及於五經與四書。這個發展其實是十分自然的，因爲從古至今，五經與四書中的各個典籍本來各有其角色功能，無法以一概全。《春秋》或解釋它的《公羊傳》及《何注》，只不過提出了政治方針的規劃及準則，至於政治理念的本體與政治制度的實際，勢不能不求助於其他經書。諸如《易經》、《周官》、《王制》等，俱皆成爲清末學者必需探究部分。因爲若不如此，一個自足的系統將無法完成，而一個有缺陷的系統是無力回應外在挑戰的。因此，以《公羊》思想注解《論語》或其他儒家經典，它的其意義一方面可以用儒家經典來增加公羊學的權威；另一方面，可以達到互相參證的效果，使得五經的思想豐富公羊學的內容。

　　最後，劉逢祿懷疑《左傳》並攻擊劉歆。劉逢祿在《公羊何氏釋例》、《左氏春秋考證》、《箴膏肓評》等書中，開始出現了對劉歆及《左傳》的懷疑。這可說是清末公羊家僞經說的濫觴。

> 余年十二，讀《左氏春秋》，疑其書法是非多失大義。繼讀《公羊》及董子書，乃恍然於《春秋》非記事之書，不必待左氏而明。左氏爲戰國時人，故其書終三家分晉，而讀經乃劉歆妄作也。（《皇清經解》，一二九四：一）

> 左氏後於聖人，未能盡見列國寶書，又未聞口授微言大義。……劉歆強以爲傳春秋。或緣經飾說，或緣左氏本文前後事，或兼采他書以實其年。……自賈逵以後，分經附傳，又非劉歆之舊，而附益改竄之跡益明矣！（同上，一二九四：八）

> 左氏春秋……冒曰春秋左氏傳，則東漢以後之以訛傳訛者矣！（同上，一二九四：一）

劉逢祿正面提出了對《左傳》的質疑及對劉歆的攻擊。至於劉歆之所以要改左氏爲傳《春秋》之書，原因自然是黨王莽以篡漢：

> 劉歆顛倒五經，使學士迷惑，因《公羊》博士在西漢最爲昌明，故不敢顯改經文。……欲迷惑《公羊》義例，則多緣飾《左氏春秋》，以售其僞。（同上，一二九四：一）

> 歆視餘分閏位爲正統，宜其爲國師嘉新公矣！（同上，一二九四：十二）

> 若歆之誣蔑先聖，緣飾經術，以崇奸回，豈不哀哉？（同上，一二九五：七）

劉逢祿既然攻詆劉歆不遺餘力，則對於凡經劉歆之手的著作，也加以懷疑：

> 《漢・藝文志》……《張氏微》十篇……此及《別錄》皆歆所託也。《虞氏微》傳二篇……必歆僞託，故異其篇卷名目，以愚後世者也。（同上，一二九五：三）

> 《周官》未經夫子論定，則游、夏之徒不傳也。（同上，一二九五：四）

> 緯亦出於劉歆，……《周官》，《左氏》同出劉歆。（同上，一二九六：四）

劉逢祿懷疑《左傳》攻擊劉歆，目的在於「欲以《春秋》還之《春秋》，《左氏》還之《左氏》」（同上，一二九六：十四）。但他同時也爲清末學者開啓了經學史另一個研究的方向。由孔子立新制到劉歆亂聖學，可以說劉逢祿將公羊學的發展，由思想研究擴及到經學史，這不能不說是一重大的發展。

延續劉逢祿對劉歆的攻擊，以及對古文經眞僞的懷疑。到了清末廖平和康有爲則分別著作〈辟劉篇〉和《新學僞經考》，加強對劉歆的攻擊，同時全面否定古文經，認爲「古文經皆僞」。

四、宋翔鳳（字于庭，長洲人，1779～1860）

宋翔鳳雖與劉逢祿年齡只相差三歲，但因宋翔鳳較爲老壽，所以他的重要作品成於一八四○年與五○年代，較之劉逢祿在十九世紀初的著作，又晚了二、三十年。時代背景變化，著論重點也跟著不同。

宋翔鳳的公羊學著作，主要有《論語說義》〔註26〕和《過庭錄》。前者以《公羊》思想註解《論語》，此書把公羊學者援用《論語》的態勢又加強了一大步。在本書的序文中，宋翔鳳說：

> 子夏六十四人共撰仲尼微言，以當素王。微言者，性與天道之言也。

> 此二十篇尋其條理，求其指趣，而太平之治、素王之業備焉。〔註27〕

子夏傳《春秋》，本來是公羊家一貫的說法，現在宋翔鳳《論語》之傳承也歸在子夏名下，二者合流不言可喻。同時「太平之治、素王之業」也要由《論語》中求之。宋翔鳳以《公羊》思想註《論語》，同時也強調《論語》與《春秋》具有相同的重要性：

> 天自知孔子，使受命當素王。（《皇清經解續編》，三八九：一）

> 孔子受命作《春秋》，其微言備於《論語》。（同上，三八九：一）

除了用《公羊》的思想註《論語》之外，宋翔鳳也旁及其他經籍：

> 乾之六爻，明禪讓之法也，此堯舜之事也。……飛龍在天，利見大人，其受正改朔之辭乎？……坤之六爻，明征誅之法也，此文王與紂之事也。……龍戰之事，周勝而殷敗，宜不終日矣。（同上，四一一：一）

〔註26〕《論語說義》，著於 1840 年，後修改並更名爲《論語發微》。

〔註27〕見《皇清經解續編》（台北：復興，1972），第三八九卷首，〈論語說義序〉，本書成於道光二十年。

> 《易》之乾元即謂性善，坤元即謂性惡……坤無元，凝乾元以爲
> 元……《禮》爲防淫之書，《春秋》誅臣賊子，故禮家荀子、春秋家
> 董生俱不言性善……然《春秋》體元、《禮》本於太一，要其本始，
> 莫非性善之理。（同上，三七九：二）

在此，有兩點值得注意。首先，以《公羊》思想註《論語》或其他儒家經典，這代表了思想的融合。如引文中，宋翔鳳以《春秋》爲主，「調融」了《易》乾、坤、性善、性惡、荀子、董仲舒以及《禮》等。至於後來的康有爲，他不但要整合中國傳統的學術思想，更要面對西方的文化，以及可以預見的「諸天」。在《孟子微》中，康有爲不但調融了中國傳統學術思想，同時也加入西方學術思想。康有爲的「三世進化」思想，基本上就是思想調融的成果，在本書的第五章「《孟子微》『三世』的進化歷程」中將會加以介紹。

其次，在第二條引文中，宋翔鳳提到性善、惡的問題。他調和荀子、董仲舒及孟子的看法。宋翔鳳對人性的觀點，基本上和康有爲在《孟子微》中所表達是相同的，本文的第七章「《孟子微》的『人性論』」中將會作詳細的分析探討。

宋翔鳳同時也提到了〈禮運〉：

> 文獻足而《春秋》成，故能據魯親周故殷，運之三代。〈禮運〉一篇，
> 皆發明志也。（《皇清經解續編》，三九〇：六）

從此，《禮記・禮運》在公羊學的發展中，地位日趨重要。因爲該篇中，具有「天下爲公，選賢與能」的大同思想，這種思想含有民主政治的特徵，因此被清末公羊學者廣爲運用。在《孟子微》中「大同」幾乎是「太平世」的精神所在，成爲人類進化追求的終極目標。康有爲在運用上也常將二者並稱爲「太平大同」。

在對今古文經的態度方面。宋翔鳳正如一般的公羊家一樣，重今文而輕古文：

> 今文家傳《春秋》、《論語》，爲得聖人之意。（同上，三八九：三）

> 今文家者，博士之所傳，自七十子之徒遞相授受，至漢時而不絕。
> 如〈王制〉、《孟子》之書所言制度，罔不合一。自古文家得《周
> 官經》於屋壁，西漢之末錄之中秘，謂是周公所作……或者戰國
> 諸人，剟周公之制作，去其籍而易其文，以合其毀壞并兼之術，
> 故何君識爲戰國陰謀之書。……積疑未明，大義斯蔽。（同上，三

八九：三）

宋翔鳳認爲今文經才是孔子的眞傳，古文經乃是後人僞作，爲「陰謀之書」。因此，他在《論語說義》中嚴格判分今古文學的區別，並由制度上著眼，以〈王制〉、《孟子》中的制度爲今文，爲孔子眞傳；而《周官》則爲僞作，爲古文。〈王制〉與《周官》二制的爭論，爲清末公羊學中的一大重點。

除了〈王制〉之外，在制度方面宋翔鳳也非常推崇「井田」制度：

王者必先井田而後學校。（同上，三九七：二）

康有爲也非常推崇「井田」制度，因爲「井田」制度具有「均平」的意義，符合「太平大同」精神，因此《孟子微》有很大的篇幅，用以介紹說明「井田」制度的由來與優點。

公羊學由宋翔鳳開始，不只是作理論的推衍，而是將視野放在《春秋公羊傳》的「受命改制」上，具體地去思索所改的制度應是什麼樣子。因此，〈王制〉就成了他們初期的研究中心。這代表公羊學者走向實際制度規劃的方向。

在「三科九旨」的發展上，宋翔鳳把注意力轉向「三世」義：

孔子於《春秋》張三世，至所見世而可致太平。（同上，三九○：十九）

三十年適當一世……觀於里仁爲美而治太平有其象矣。（同上，三九○：二十三）

《春秋》治起衰亂，則内中國而外諸夏，亦始於以義治我。……董子言《春秋》之法，治衰亂而立太平。（同上，三九○：三十）

孔子求救亂世，作《春秋》，謂一爲元，以著大始而欲正本然，張三世以至於治太平。顏子繼其後，太平之治已見。……言太平之世，群聖相繼，效至捷也。（同上，三九一：二）

哀公終所見世當見所以治太平者，於此之時，天必示以除舊有新之象，而後知《春秋》張三世之法，聖人所爲，本天意以從事也。（同上，三九七：四）

對於「三世」，尤其是「太平」的強調，含有一些理想政制的意味，非原來單純的「撥亂起治」所可比擬。在宋翔鳳時，很清楚地指出「太平」就是堯、舜之治。

《春秋》致太平之後，與堯、舜之道爲一。（同上，三九六：四）

到了清末的康有爲，不但接受堯、舜之治就是太平世的比附，同時更進一步地指出西方的民主政治就是堯、舜之治，暗示了中國必須向西方學習。

顧頡剛批評宋翔鳳說：「極喜附會，但也很有創見」（《當代中國史學》，頁 41），這也可以作爲清代中葉以後公羊學家的寫照。

五、龔自珍（字璱人，號定庵，仁和人，1792～1841）

龔自珍是清代文字學家段玉裁的外孫，自小就濡染於樸學之中，到了二十八歲才從劉逢祿受《公羊春秋》。其實，在他正式研習《公羊》之前，已經對當時的政治時局表現出極大的關懷。因此，公羊學到了龔自珍就變成了論政的工具，作爲建言的理論基礎。

在治公羊學的方法上，龔自珍不同於前輩公羊家如莊存與、孔廣森及劉逢祿，他並未對《公羊傳》本身加以註疏或條例的工作，而只是發揮前輩們所提出的「微言大義」，應用在實際政事之上。至於在公羊學的理論發展上，龔自珍最明顯的成就，是對「三世」義的強調與發展。在龔自珍之前，「三世」一直附麗於「三統」之下。它的功能，只是在說明新王受命改制之後，將能撥亂起治，漸至於太平。在這個模式裏，並沒有什麼制度上的歧異需要討論。只要新王變法圖強，就能漸至「太平世」。直到龔自珍開始重視「張三世」。我們可以說，近代公羊學的「三世」史觀肇始於龔自珍。〔註28〕

首先，在「三世」史觀的建構方面。龔自珍〈乙丙之際著議〉中說：

吾聞深於《春秋》者，其論史者，曰：書契以降，世有三等，三等之世，皆觀其才。才之差，治世爲一等，亂世爲一等，衰世別爲一等。（《定盫文集》，頁 8）

很明顯是借用了公羊學中的「三世」義，但是，把「三世」解釋成「治世、亂世、衰世」和原本的公羊「三世」——據亂、升平、太平不同；而這樣的排序，也不合乎「世越後越治」的規則。然而，龔自珍重視的並不在「三等之世」，而是人才，尤其是「衰世」的人才問題。

龔自珍對「三世」的興趣又肇端於以「三世」去認知歷史。清中葉到清末葉的「三世」義發展，止是由對「古史」的詮釋逐步發展成爲對「未來」

〔註28〕前小節所述宋翔鳳的《論語說義》中，已開始重視「三世」義，但宋氏的《論語說義》成於 1840 年，晚於龔自珍大倡「三世」義。

的預測。這一由龔自珍開始的轉折是極可注意的。

龔自珍以《公羊》思想貫串五經，著有《五經大義終始論》、《五經大義終始答問》，在其中對「三世」的發揮最爲醒目：

> 問：三世之法誰法也？等：三世非徒《春秋》法也。（同上，頁116）

「三世非徒春秋法」，可見「三世」不僅可以運用在《春秋》，也可以運用至其他典籍，例如：

> 〈洪範〉八政配三世……食貨者據亂而作祀也；司徒司寇司空也，治升平之事；賓師乃文致太平之事，孔子之法，箕子之法也。（同上）

> 祀之三世……〈禮運〉始言土鼓簣桴；中言宗廟祝嘏之事；卒言太一。祀三世不同名矣。（同上）

> 若夫徵之《詩》，后稷春揄肇祀，據亂者也；〈公劉〉篋几而立宗，升平也；周頌有〈般〉有〈我將〉，〈般〉主封禪，〈我將〉言宗祀，太平也。（同上）

> 司寇之三世……周法刑新邦用輕典，據亂故。《春秋》於見世法爲太平矣！（同上）

> 問：〈公劉〉之詩於三世何屬也？等：有據亂、有升平。（同上，117）

> 問：〈洛誥〉屬何世？答：有升平、有太平。（同上）

他以「三世」的模式去理解《詩》、《書》，最重要的是他對古史的詮釋開始了一種「階段論」。

此外，龔自珍對「三世」的運用有繁複化的傾向：

> 〈洪範〉八政配三世，八政又各有三世。（同上，頁116）

> 萬物之數括於三，初異中，中異終，終不異初。一匏三變、一棗三變、一棗核亦三變。……萬物一而立、再而反、三而如初。天用順教，聖人用逆教，逆猶往也。（同上，頁113）

將「三世」繁複化的理由是因爲簡單的三世，無法涵蓋並詮釋萬事、萬物，因此有必要加以繁複化，使得三世更加具有彈性空間。這也是清末公羊家所喜用的技巧。例如康有爲在《孟子微》中說：「一世之中有三世，故可推爲九世，又可推爲八十一世，以至於無窮。孔子之仁，亦推於諸星諸天而無窮」（詳見本文第六章「《孟子微》中三世進化的『因時觀』」）。

龔自珍雖然強調「三世」，但也注意到「三統」。在〈壬癸之際胎觀〉之

中說：

> 夫始變古者顓頊也。有帝統、有王統、有霸統。帝統之盛，顓頊、
> 伊耆、姚；王統之盛，姒、子、姬；霸統之盛，共工、嬴、劉、博
> 爾吉吉特氏。……帝有法、王有法、霸有法，皆異天，皆不相師、
> 不相訾、不相消息。王統以儒、墨進天下之言；霸統以法家進天下
> 之言；霸之末失，以雜家進天下之言。(《定盦文集》，頁111)

龔自珍把「三世」套在「三統」之上，將古史分爲「帝統」、「王統」、「霸統」，
這種看似「世愈古愈治，愈近愈亂」的歷史觀，爲清末公羊學者所採用，踵
事增華，在後面加上了「愈進愈治」的未來勾劃。例如康有爲在《孟子微》
中，以文王爲升平世，堯舜爲太平世就是「世愈古愈治」。〔註29〕

　　龔自珍的公羊思想雖然著重在「三世」的發皇，但是清中葉公羊學者所
面臨的外族統治局面仍然存在，因此，「內外」仍屬一位關心時政者所不可忽
略的重點。

> 王者正朔用三代，樂備六代，禮備四代，書禮載籍備百代，夫是以
> 賓賓。賓也者，三代共尊之而不遺也。夫五行不再當令，一姓不再
> 產聖。興王聖智矣，其開國同姓魁傑壽考易盡也。賓也者，異姓之
> 聖智魁傑壽考也。……質家尊賢先異姓，文家親親先同姓。古者開
> 國之年，異姓未附，據亂而作，故臣之未可以共天位也。在人主則
> 不暇，在賓則當避疑忌。是故箕子朝授武王書，而夕投袂於東海之
> 外。易世而升平矣，又易書而太平矣，賓且進而與人主之骨肉齒。……
> 夫異姓之卿，固賓籍也。……禮樂三而遷，文質再而復。……故夫
> 賓也者，生乎本朝，仕乎本朝，上天有不專爲其本朝而生是人者在
> 也。(《定盦文集》，頁104)

他希望藉由從孔子和箕子的殷「遺民」、「賓」的地位，看他們在新的周王朝
中的言行，進而提供漢族知識分子在滿族政權之下的出處依據。《公羊》學者
不去強調種姓的不可相容，乃是清中葉至末葉的一貫特色。

> 問：太平大一統何謂也？答：宋明山林偏僻士，言夷夏之防，比附
> 《春秋》，不知《春秋》者也。春秋至所見世，吳楚進矣，伐我不吾
> 言鄙我，無外矣。《詩》曰無此疆爾界，陳常于時夏。聖無外，天亦

〔註29〕然而這是否與康有爲的「進化」思想相矛盾？康有爲的解釋是：夏、商、周
　　　　三世，皆孔子所託，非眞有其事。

無外者也。然則何以三科之文，內外有異？答：據亂則然，升平則
然，太平則不然。（同上，頁118。前引〈五經大義終始答問〉第七
條）

龔自珍的言論中尤其表現出一旦世至太平，一切差異都將不復存在。

除了以上的重點之外，龔自珍也攻擊劉歆而懷疑古文學。他在1839年所
寫成的「己亥雜詩」中，有一首說到：

姬周史統太銷沈，況復炎劉古學瘉，崛起有人扶左氏，千秋功罪總
劉歆。

下注說：

癸巳（1833）歲成《左氏春秋服杜補義》一卷，其劉歆竄益《左氏》
顯然有跡者，為《左氏決疣》一卷。（《定盦文集》，頁245）

六、魏 源（字默深，邵陽人，1794～1856）

魏源於1814年從劉逢祿受《公羊春秋》，自此公羊學中的幾個重點，就
成為他論學與論政的核心。這一點和龔自珍是非常類似的。魏源在《公羊傳》
的何休注之外，特別標舉出西漢的董仲舒。《董子春秋發微》〔註30〕的序中
說：

其書三科九旨，燦然大備，且宏通精淼，內聖而外王，蟠天而際地，
遠在胡毋生、何劭公章句之上。（蘇輿《春秋繁露義證》，頁32）

董仲舒是一位自成體系的思想家，他的著作並不侷限於公羊學春秋。因此由
為《公羊傳》做注的何休上溯至董仲舒，正代表清代公羊學者漸次走出公羊
學的圍限，而發揮自我的思想。

在《公羊》「三科」的理論發展上，「通三統」和「異內外」的詮釋，大致
承繼前說。魏源對公羊學的發展，並不在於「三統循環」或「譏世卿」的再度
強調，而是他提出自己的「三世」觀念，並用這個模型來解釋中國歷史的發展：

禪讓一局也、征誅一局也、傳子傳賢一局也。（《古微堂內集》（淮南，
1978），三：五十）

今夫赤子乳哺時，知識未開，呵禁無用，此太古之無為也。逮長，
天真未漓，則無實以嗜欲，無芽其機智，此中古之無為也。及有過

〔註30〕本書自梁啓超《中國近三百年學術史》即云未見，唯存其序於《古微堂集》
中。本文所引乃由蘇輿編《春秋繁露義證》考證中所出。

> 而漸喻之，感悟之，無迫束以決裂，此末世之無爲也。(魏源《老子
> 本義》，頁 3)

> 夫治始黃帝，成于堯，備于三代，殲于秦。(同上)

> 三皇以後，秦以前，一氣運焉；漢以後，元以前，一氣運焉。(魏源
> 《古微堂內集》，三：十)

魏源在一個個的「氣運」之中又分爲數個階段，隱約指出了一種歷史循環模式。同時在其中隱含了一些清末最強調的退化或進化式思想。當然，進化概念的明晰化，以及退化概念的加入，尚有待於清末西方進化思想的輸入。雖然如此，但由此也可以看出康有爲的「三世進化」思想，繼承了中國傳統公羊學發展的成果，而不單只是受到西方進化論的影響。在魏源的進化思想中，所謂「今夫赤子乳哺時，知識未開」，與康有爲「亂世民智未開，必當代君主治之，家長育之，否則團體不固，民生難成」(《孟子微·總論第一》)的觀念相同。二人皆強調「智」在進化中的作用。康有爲一生辦報、組織學會、以及建議光緒廢除八股，這些努力都是爲了要「開民智」。而「民智未開」也成了康有爲提倡君主立憲，反對民主政治的理由。

所謂「聖人不變之，封建必當自變」，魏源提出了變法的主張：

> 天下無數百年不弊之法，無窮極不變之法，無不除弊而能興利之
> 法，無不易簡而能變通之法。(《古微堂外集》(淮南，1878)，七：
> 十六)

清中葉的公羊家以「內外」義，將滿族政權加以「合理化」，因此，他們並不講求「夷夏大防」，進而主張改朝換代，而是強調在異族政權之下改制變法的可能性。再加上「世變日亟」的刺激，於是變法的主張也愈來愈強烈。

變法必須標榜一追求的制度，魏源本身即重制度的規劃。而且，不僅中國傳統的制度，對外國的政治制度也表現出嚮往之情：

> 墨利加北洲(美國)之以部落代君長，其章程可垂奕世而無弊。(《海
> 國圖志》後敘)

由魏源對美國政制度的推崇，來看清末公羊學者變法改制重心，會逐漸由〈王制〉、《周官》轉向西方及日本的政治，這種趨向似乎是很自然的。到了康有爲對於美國的華盛頓大加推崇。在《孟子微》中多處加以贊揚，如：

> 後世有華盛頓其人，雖生不必中國，而苟合符舜、文，固聖人所心
> 許也。(《孟子微·總論第一》)

> 華盛頓之高蹈大讓。(《孟子微・性命第二》)
>
> 讓天下如堯、舜、華盛頓,舍身家如佛,立心思之魂靈者也。(《孟子微・心身第三》)
>
> 以民情驗天心,以公舉定大位,此乃孟子特義,託堯舜以明之。……而華盛頓有以承風。大義獨倡,爲太平世之永法矣。(《孟子微・同民第十》)

康有爲將華盛頓比爲中國的堯舜,暗示了中國未來的政治制度,應該向西方學習。在戊戌變法期間,康有爲就曾不斷向光緒建議模仿日本君主立憲,以求變法維新。

在今古文經的態度方面。由於魏源對董仲舒的重視,經學的重點也由東漢移向西漢,並且以辨僞的態度來批判古文學。一方面促成了今文學的全面研究,一方面也形成了今古文學的鮮明壁壘。他對古文經的意見表現在晚年作品的《詩古微》及《書古微》之中:

> 昔劉向劉歆父子異學……歆則于《詩》申毛,於《春秋》主《左氏》以抑《公》、《穀》,力與今文博士爲難。其《左氏》既藏於秘府,不在民間,尤得恣臆竄改,以遂其附古難今之私心。(《皇清經解續編》,一二九九:二十七)
>
> 《書古微》何爲而作也?所以發明西漢《尚書》今古文之微言大誼,而闢東漢馬、鄭古文之鑿空無師傳也。(同上,一二八〇敘)

他斷定《毛傳》、《大小序》、《古文尚書》和《孔傳》都是劉歆僞作。既然認爲古文經乃爲篡僞之作,當然也就促成了對今文經的重視。清末公羊學者繼魏源之餘緒,判分今古,並且再由西漢上溯至先秦,將孔學分析成兩大脈絡,對於近代思想有著關鍵性的影響。

雖然魏源對《公羊》本身的義例並沒有太多的發明,但他拓展了公羊學的視野,並轉變了公羊學的方向。由於龔自珍和魏源把《公羊》引向了經世之途,公羊學才得以在清末扮演了一個重要的角色。梁啓超說:「今文學之健者,必推龔、魏。龔、魏之時,清政既漸陵夷衰微矣;舉國方沈酣太平,而彼若不勝其憂危,恒相與指天畫地,規天下大計。考證之學,本非其所好也,而因眾所共習,則亦能之;能之而頗欲用以別闢國土。故雖言經學,而其精神與正統派之爲經學而治經學者則既有以異。」(《清代學術概論》,頁78)

七、廖　平（字季平，井研人，1852～1932）

廖平在公羊學發展史上最大的貢獻，乃是將公羊學的發展重心，由片斷的「三科九旨」、「微言大義」轉移到一個完整的、系統化「制度」的研究上，思考如何以公羊學的架構，建立起一套具體可行的政治制度。〔註31〕

公羊學的發展會轉而強調制度的重要，主要與時代背景有關。清末經內外變局之後，尤其是太平天國之後，在政治上有一個最重要的發展，那就是漢人督撫權位的加重。此時漢人的力量已經可以主動參與一些政治的改革活動，如當時的洋務自強運動。然而這些改革通常都只是局部的，在當時有些具有遠見的知識分子則希望全面地由制度上進行改革。因此，建構一套新的制度以作為改革的參考，乃是廖平以及其後來的公羊學家所努力的目標。

在初期，《公羊》學者尚無力規劃自我理想制度，而只能在傳統經籍中，尋求比附的標的。廖平選擇了《禮記》中的〈王制〉篇，把它說成是孔子的「素王新制」，「以〈王制〉為春秋舊傳」，而加以寄託、發揮：

> 孔子作《春秋》，存〈王制〉。《禮記・王制》乃春秋舊傳。孔子既作《春秋》，復作此篇，以明禮制，故所言莫不合于《春秋》……《春秋》制中備四代，非獨殷禮也。《春秋》制度皆本于此。（《何氏公羊春秋十論》）

> 〈王制〉參用四代……大約孔子意在改制救弊，而虞樂夏時以外多不可考。故建國立官，多用殷制。……《春秋》有故宋之說……殷本紀伊尹說湯以素王之法，與《春秋》素王義同。……說者以素為從質之義……孔子欲改周文，倣于伊尹從質之意而取素王，故《春秋》多用殷禮耶？（《今古學考》）

以〈王制〉作為改制的標準，或用〈王制〉來為當時的政治局面合理化，在廖平的著作中說得十分明顯。例如他最強調〈王制〉中的「二伯……八方伯……每州七卒正」的規制，而且說：

〔註31〕制度方面的探討是廖平思想的重點，也是本文介紹的重點。至於在公羊學上逐漸受到重視的「三世」，廖平並不重視，其中較值得注意的，他也有將「三世」模式「繁複化」的傾向，如「細變無慮數十，大異約分為九，所見三異，所聞三異，所傳聞三異」（《何氏公羊春秋十論》）。這是因為一旦將「三世」與政治規劃相結合，其「繁複化」是不可避免的過程。這一點在清末是十分顯著的。廖平在「三科」的研究上，最強調發揮的是「三統」，但因「三統」在《孟子微》中分量不多也不重要，所以本文在此對於廖平的「三統」思想就略而不論。

以今制喻之，京師如周，南北洋大臣如二伯，行省督撫如方伯，各
省道員如卒正。(《何氏公羊春秋十論》)

他以清末的政軍制度和〈王制〉比附。目的是藉由突出〈王制〉中的「二伯」
及「方伯」地位，來強化南北洋大臣及督撫的功能，以達到公羊家「因其國
以容天下」的目的。

廖平推崇〈王制〉，並以此作爲判分今古學的標準：

《論語》因革損益，唯在制度。至於倫常義理，百世可知，故今古
之分，全在制度，不在義理。(《今古學考》)

古學爲周禮派……今學爲〈王制〉……此古今學術之分，治經之大
綱也。(《何氏公羊春秋再續十論》)

今學、古學之分，二陳(壽祺、喬樅)已知其流別矣。至於以〈王
制〉爲今文所祖，盡括今學，則或疑過于奇。竊〈王制〉後人疑爲
漢人撰，豈不知而好爲奇論？蓋嘗積疑三、四年，經七、八轉變，
然後乃爲此說。

久之，悟孔子作《春秋》、定〈王制〉，爲晚年說，弟子多主此義，
推以徧說群經，漢初博士皆弟子之支派，故同主〈王制〉立說。乃
定〈王制〉爲今學之祖。(《今古學考》卷下)

這些引文除了說明廖平思想的轉變經過之外，主要推崇〈王制〉，以〈王制〉
爲「春秋別傳」、「今學之祖」、爲孔子晚年定論；相對地，古學則在「周禮」，
爲孔子「少壯之學」：

孔子初年問禮，有從周之言，是尊王命畏大人之意也。至于晚年，
衰道不行，不得假手自行其意以挽弊補偏。於是以心所欲爲者書之
〈王制〉、寓之《春秋》。當時名流，莫不同此議論，所謂因革繼周
之事也。後來傳經弟子，因爲孔子手訂之文，專學此派，同祖〈王
制〉。其實孔子一人之言，前後不同。予謂從周爲孔子少壯之學，因
革爲孔子晚年之意者此也。(《今古學考》卷下)

《論語》：「周監于二代，郁郁乎文哉，吾從周。」此孔子初年之言，
古學所祖也。行夏之時，乘殷之輅，服周之冕，樂則韶舞，此孔子
晚年之言，今學祖也。……案〈王制〉即所謂繼周之王也，因于周
禮即今學所不改而古今同者也。……〈王制〉改周制，以救文勝之

弊，……春秋時諸君子皆欲改周文以相救。（同上）

同時孔子的今、古學又各有傳承：

> ……古學說，此孔子未作《春秋》以前從周之言。至于作《春秋》
> 以後，則全主今學。……孔子傳今學派，時受業早歸者未聞，故弟
> 子有專用古學者。又或別爲不受業之隱君子所爲，然大約出于受業
> 者多。（《今古學考》卷下）

> 魯爲今學正宗，燕、趙爲古學正宗。……魯乃孔子鄉國弟子，多孔
> 子晚年說……故篤信遵守初本，以解《春秋》，習久不查，各是所長，
> 遂以徧說群經。……燕、趙弟子，未修《春秋》以前，辭而先反，
> 惟聞孔子從周之言，已後改制等說未經面領。因與前說相反，遂疑
> 魯弟子僞爲此言，依托孔子，故篤守前說，與魯學相難。一時隱君
> 子習聞周家故事，亦相與佐證，不信今學而攻駁之，乃有《周禮》、
> 《左傳》、《毛詩》之作。自爲朋黨，樹立異幟，以求合于孔子初年
> 之說。此古學派爲遠于孔子，兼採時制，流爲別派者也。（同上）

> 今經爲孔子晚年之書，故弟子篤信謹守，欲以徧說群經，此今學統
> 宗之沿變。（同上）

廖平認爲今、古學，「其實孔子一人之言」，只是有早、晚之分。這樣安排的
目的，一方面既可以提高今文學的地位，同時也不至於引起當時古文學派的
強力反彈。〔註32〕這是一種巧妙的安排，難怪他要「積疑三、四年，經七、
八轉變」。依照廖平的說法，今、古文之爭的本源不過是一場誤會，肇因於有
些弟子因離學校較遠，又因故提前回家，所以沒聽到孔子的「晚年定論」。廖
平似乎又希望藉由孔子今、古學傳承的安排，提高今文學的地位，同時安慰
古文學派能放棄這個歷史的「誤會」，敞開胸襟接受孔子作《春秋》之後的「晚
年定論」。

　　廖平以今學爲孔子晚年救周弊所立的新制，有尊今學意味。但是他對古
學並不特別加以貶抑排斥，而視之爲今學輔佐：

> 今、古二派，各自爲家，……原當聽其別行，不必強爲混合。（《今
> 古學考》卷下）

〔註32〕廖平雖然強調今文，但並不完全否定古文，而是將古文視爲今文的輔佐。這
　　　種態度與看法，或許是因爲和張之洞有師生關係，使得他批判古文學派時，
　　　多一分情感與保留。

> 今學如陸道，古學如水路，各有利害，實皆因地制宜。（同上）
>
> 學雖異端，未可偏廢。（《春秋左傳古義凡例五十則》）

在此，他將今、古二派一起收納、包容，納入自己的思想體系之內，而以「各有利害，實皆因地制宜」的方式加以運用。這是廖平的特色，而這種技巧也是《孟子微》的思想特色之一。如康有爲說：

> 直法堯舜，次者斟酌時勢，亦可法文王。世雖有三，道似不同，然審時勢之並行不悖，故其道只有一。一者仁也，無論亂世平世，只歸於仁而已。（《孟子微·總論第一》）

「因時制宜」的觀念一再被強調，而形成了一種「因時觀」。

既然孔子晚年因「哀道不行，不得假手自行其意以挽弊補偏」，而「作《春秋》、定〈王制〉」，因此廖平希望〈王制〉成清末政局「改絃更張」的依據：

> 〈王制〉爲孔子手訂之書，乃改周救文大法，非一代所專，即今學之本也。今于數千年後得其根源，繼絕扶微，存眞去僞，雖清劃繁難，固有不能辭者矣。（《今古學考》卷下）
>
> 春秋時有志之士皆欲改周文，正如今之言治莫不欲改絃更張也。（同上）

將今、古都歸爲孔子一人之學，以今文學爲「晚年定論」，標榜今文學，大講孔子「托古改制」，希望以〈王制〉「救弊振衰」，這是廖平早先「平分今古」的思想。這種態度隨著時局刺激的加強而轉變。當時「四夷交侵」的危局已很顯著，而日本變法的績效也已在滅琉球、圖高麗中，給中國深切的刺激。受到時局的刺激，於是急於救時的知識分子乃由「褒貶」轉向「眞僞」之爭。廖平對於今、古學的態度，由原先的「平分今古」轉爲「尊今抑古」。「尊今抑古」的代表作爲〈知聖篇〉和〈辟劉篇〉。

光緒十四年，廖平完成了〈知聖篇〉和〈辟劉篇〉。〔註33〕〈辟劉篇〉包含的思想重點有：一、西漢無古文學，古文學起於劉歆；二、古文四經——《周禮》、《左傳》、《尚書》、《毛詩傳》皆爲僞經；三、劉歆及弟子私改史書、緯書以助古書。同時劉歆作僞的範圍，不只古學四經，還改竄史書、緯書；四、劉歆作僞的目的，一爲攻擊博士（因爲西漢重今文經學）；一爲迎合王莽，爲新政服務。〈辟劉篇〉的主旨在「明古學之僞」，證明劉歆以前實無古學派。

〔註33〕廖平剛完成〈辟劉篇〉時，並未刊行，後來易名爲《古學考》刊行。

自從有了劉歆，經學駁雜不純，掩蔽了孔子的微言。

　　〈知聖篇〉和〈辟劉篇〉是姐妹篇，其根本宗旨密切關聯的，一爲「明古學之僞」，一爲「尊今文學之眞」。〈知聖篇〉中關於「尊今」的思想，主要有：一、孔子爲素王，受命改制；二、《六經》皆孔子作；三、孔子「微言」之精義是「托古改制」；四、「改制之文，全在〈王制〉」，〈王制〉爲孔子所創新制；五、孔子改制之因革損益；六、孔子改制的目的在於「救弊振衰」。廖平尊今文學，目的在闡明、發揚孔子的眞學，孔子微言大義的精粹是「托古改制」。於是著〈知聖篇〉專論孔子「托古改制」之學。廖平的這些觀點，後來都直接啓發了康有爲的變法思想。

　　由清中葉以後公羊學的發展中可以看出，它們與康有爲的思想有很大的聯貫性與一致性。康有爲可以說集大成，公羊學的幾個發展的重點與趨勢，如以《公羊》思想註經、尊孔、攻擊劉歆和古文經、「三世」義的發展、政治制度的講求等等，這些公羊學發展的重點，到了康有爲都得到繼承與加強。由此可見康有爲的思想「原創性」並不高，他的特色在於「融會貫通」，善用前人的學術成果來架構自己的思想系統。

第四章 《孟子微》中的「神化孔子」

　　文人面對不穩的政局，思考解救之方時，最直接的材料，就是他所熟悉、信任的傳統學術，而從中找尋救世的理論，以及支持該理論的力量。清中葉以後的《公羊》思想家，在理論的見解上，或許有不一致的地方，而強調的重點也可能有所不同，但是有一點是一貫不變的，即是「尊孔」的態度。這個態度在持續增強之後，孔子在公羊學者的心目中，逐漸有由「聖」而「王」，進而變成康有爲心目中「救世主」的地位。

　　據章太炎說，孔子所創立的儒學本來稱爲「儒術」，而不稱爲「儒教」，到了漢代佛教傳入中國之後，儒術也開始被稱爲「儒教」，但猶未被稱爲「孔教」。「孔教」之稱，始於「妄人康有爲」（章太炎：〈示國學會諸生〉，《章太炎政論選集》，頁 695）。雖然在中國歷史上儒、佛、道並稱爲「三教」，但是「儒教」的含義並無宗教的意思，它是指與佛、道並存的另一種意識形態系統。直到康有爲才大力鼓吹「孔教」。康有爲不但接受了公羊家孔子「素王改制」思想，又加以推衍，將孔子「神化」而爲「孔教」，試圖將儒家改造成宗教。

第一節　「神化孔子」的時代背景

　　康有爲提倡「孔教」，除了自己變法的需要之外，另一個重要的目的，那就是抵制西方的宗教侵略。鴉片戰爭以後，由於 1844 年簽訂的〈中法黃埔條約〉，規定天主教士可以在通商口岸自由傳教；1858 年簽訂的〈中英天津條約〉，規定耶穌教、天主教士可以在中國內地傳教，於是西方教會迅速地深入到中國城鄉各地。康有爲指出，西方國家在世界各地傳播宗教，剛開始以教

爭取當地人民，其後則借宗教爭端的機會攻取該國。這就是所謂的「教案」。
當時西方的宗教侵略，引起中國人民的不滿和反抗，因此發生了許多教案的
問題。西方殖民主義者常常利用教案問題，或透過外交壓力，或藉由武裝侵
略，迫使清廷簽訂新的不平等條約。康有爲沉痛地指出這一事實：「教案之難，
天下畏之」。貴州之案、鎮江之案、天津之案、膠州之案等都引起了嚴重後果，
甚至割削土地。而「彼教堂遍地，隨在可以起釁」。數十年來，西方天主教、
耶穌教橫行中國，「士民爲其所誘者，日多一日，尋至挾教力以割吾地，弱吾
國，其患不可勝言」(〈請尊孔聖爲國教立教部教會以孔子紀年而廢淫祀摺〉)。
因此，如果中國也有定於一尊的國教，那就就可以與基督教、天主教相抗衡。

光緒二十一年，他在〈公車上書〉中建議「立道學一科」，由朝廷下令鄉
落淫祠悉改爲孔子廟，其各善堂會館獨祀孔子；由大儒、舉人、諸生分別擔
任國子之官（或學政）、州縣教官、鄉村講學生，負責講明孔子之道；並派遣
高才碩學到外國傳佈孔子之道。

光緒二十三年，康有爲於桂林成立「聖學會」，「以尊孔教救中國爲宗旨」。
翌年，在「百日維新」期間，他正式奏議光緒皇帝仿照西方基督教的形式，
成立「孔教會」。在〈請尊孔聖爲國教立教部教會以孔子紀年而廢淫祀摺〉中。
康有爲向光緒述說孔子爲「中國教主」的歷史過程，請光緒定孔教爲一尊，
成立「孔教會」：

> 夫舉中國人皆孔教也，將欲令治教分途，莫若專職業以保守之，令
> 官立教部，而地方立教會焉。首宜定制，令舉國罷棄淫祀，自京師
> 城野省府縣鄉，皆獨立孔子廟。聽人民男女，皆祠謁之，釋菜奉花，
> 必默誦聖經。所在鄉市，皆立孔教會。公舉士人通六經四書者爲講
> 生，以七日休息，宣講聖經，男女皆聽。……抑臣更有請者，大地
> 各國，皆以教主紀年。

「孔教會」的「宗教形式」主要是模仿基督教。在題爲〈請商定教案法律，
釐正科舉文體，聽天下鄉邑增設文廟，並呈《孔子改制考》，以尊聖師保大教
絕禍萌摺〉的奏議中，建議成立「孔教會」。其要點有：一、開孔教會，以衍
聖公爲總理，由入會士庶公舉督辦、會辦、分辦，分別管理各級孔教會；二、
皇上舉行臨雍之禮，令禮官議訂尊孔之典，天下淫祠皆改爲孔子廟，士庶男
女膜拜祭祀；三、選生員爲各鄉縣孔子廟祀生，專司講學，日夜宣講孔子忠
愛仁恕之道；四、孔教會與禮部的關係，如軍機處之與內閣，總署之與理藩

院。以上建議包括了教會機構、宗教儀式、宣道職司、教義內容和政教分離的立教原則，其中除了教義內容之外，均是依照西方基督教設計的。

民國成立之後，康有爲仍然繼續提倡「孔教」運動，直到「復辟運動」的失敗，孔教運動才漸漸地銷聲匿跡。由於孔教運動的提倡，使得康有爲獲得「孔教之馬丁·路德」的稱號。

提倡「孔教」可以與基督教、天主教相抗衡，抵擋外國宗教的侵略，間接達到救國、愛國的目的，同時將孔子塑造成「教主」比原本「素王」的身分來得高，這對於推行變法而言，相對地多了一分「宗教性」與「權威性」。

第二節　「神化孔子」的學術淵源

「尊孔」一直是公羊學家的最高前提。本文以下將介紹西漢董仲舒、東漢何休等兩位公羊家對孔子的看法，進而從傳統學術中，了解康有爲「神化孔子」的歷史淵源。

關於孔子的「身分」，司馬遷說：「孔子布衣」、「孔子貧且賤」，根據《史記·孔子世家》的記載，孔子曾擔任過的官職依序是：「嘗爲季氏史」，「嘗爲司職吏」，魯定公八年，「以孔子爲中都宰」，一年之後，「由中都宰爲司空」、「由司空爲大司寇」，到了定公十四年，孔子年五十六，「由大司寇行攝相事」。此後，孔子週遊列國十四年，最後回到魯國，「然魯終不能用孔子，孔子亦不求仕」。就史實來看，孔子最高的職位是「大司寇行攝相事」，終爲人臣，並沒有「王」的事實。然這是史學家，而並非公羊家的看法。董仲舒以孔子爲「新王」，在《春秋繁露》中說：「《春秋》應天，作新王之事。」；他以「西狩獲麟」的事件作爲證據，來證明他的說法：

> 有非力之所能致而自致者，西狩獲麟受命之符是也。然後託乎《春秋》正不正之間，而明改制之義。(《春秋繁露·符瑞》)

根據公羊家的看法，新舊王朝的交替，決定於「天命」，那麼天命如何得知呢？這就要從自然現象中尋求「啓示」，當上天要立新王、黜舊王時，便會賜「符瑞」與新王，或降「災異」與舊王。而「西狩獲麟」乃是孔子受天命的「符瑞」。因此，孔子爲新王乃是天命，「有非力之所能致而自致者」，這就是「三統說」與「災異論」的結合，它往往被視爲改革的徵兆。〔註1〕

〔註1〕可參考上章第二節。

「西狩獲麟」根據《公羊傳》的記載：

> （魯哀公）十有四年春，西狩獲麟。……麟者，仁獸也。有王者則
> 至，無王者則不至。有以告者曰：有麕而角者。孔子曰：孰爲來哉！
> 孰爲來哉！反袂拭面，涕沾袍。顏淵死，子曰：噫！天喪予！子路
> 死，子曰：噫！天祝予！西狩獲麟，孔子曰：吾道窮矣！（《公羊傳》
> 「哀公十四年春西狩獲麟」）

主要在強調：麟爲孔子而來，「麟者，仁獸也。有王者則至」。整個事件暗示
著孔子本應爲王。但如果從《史記》中關於「西狩獲麟」事件的記載來看，
則「味道」頗不相同：

> 魯哀公十四年春，狩大野，叔孫氏車子鉏商獲獸，以爲不祥。仲尼
> 視之，曰：「麟也」，取之，曰：「河不出圖，雒不出書，吾已矣夫！」
> 顏淵死，孔子曰：「天喪予！」及西狩見麟，曰：「吾道窮矣！」喟
> 然嘆曰：「莫知我夫！」子貢曰：「何爲莫知子？」子曰：「不怨天，
> 不尤人，下學而上達，知我者其天乎！」（《史記・孔子世家》）

從這段描述來看，麟雖然是「祥瑞」的象徵，但是麟被捕獲，似乎反有「災
異」的味道，因此孔子說：「吾道窮矣！」同時把它和顏淵的死聯想在一起，
認爲這是「天喪予！」的徵兆。然而，公羊家重視的是「麟者，仁獸也。有
王者則至」的徵兆，從而認爲「西狩獲麟」是孔子「受命改制」之符。

到了東漢何休，除了接受董仲舒的「以春秋當新王」的說法外，更進一
步將孔子「神化」：

> 孔子母徵在游於大冢之陂，睡夢黑帝使請己。已往夢交，語曰：「女
> 乳必於空桑之中。」覺在若感，生邱於空桑之中，故曰元聖。……
> 孔子之胸曰：「制作定，世符運。」（《春秋公羊經傳解詁》「哀公十
> 四年春西狩獲麟」條下注）

何休將孔子的誕生說得幾乎和耶穌〔註2〕一樣。又：

> ……得麟之后，天下血書魯端門曰：周姬亡，彗東出；秦政起，胡
> 破術；書記散，孔不絕。子夏明日往視之，血書飛爲赤鳥，化爲白
> 書，署曰演化圖，中有作圖制法之狀。孔子仰推天命，俯察時變，

〔註2〕耶穌也是馬利亞從聖靈感孕而生的。《聖經・馬太福音》：「耶穌基督降生的事，
　　　記在下面：他母親馬利亞已經許配了約瑟，還沒有迎娶。馬利亞就從聖靈懷
　　　了孕」（第一章，第十八節）

卻觀未來，豫解無窮。知漢當繼大亂之后，故作撥亂之法以授之。（同
上）

戰國大亂之後，漢朝將一統天下，於是孔子爲漢朝「作撥亂之法」。可是生於
春秋時代的孔子，怎麼可能「知漢當繼大亂之后」，同時提供一套制度爲後來
的漢代所用呢？這種「卻觀未來」，同時「豫解無窮」的能力，已非常人所能。
這也爲康有爲「神化」孔子的思想，提供了學術淵源。

第三節　「神化孔子」的過程

　　康有爲的《孔子改制考》是「神化」孔子、推崇今文經的代表作，《新學
僞經考》則是攻擊劉歆與古文學的代表作。

　　《孔子改制考》受廖平〈知聖篇〉啓發而寫成的，於光緒二十四年刊行。
該書共分爲二十一卷。第一至六卷，主要說明諸子創教的源起、諸教成立之
後的爭教互攻，以及諸教的傳承等；第八卷以後，則專談儒教，從儒教的創
立、儒教成立之後與其他諸教的互攻，最後儒教大獲全勝，從春秋時的魯國
傳擴開來，到漢武帝後儒教終於一統天下。

　　《新學僞經考》是康有爲攻擊劉歆和古文經的主要著作，於光緒十七年
秋七月刊行。康有爲所謂「新學」，是指劉歆爲了幫助王莽篡漢，建立「新」
朝，而僞作的古文經學。關於《新學僞經考》內容的要點，梁啓超說：

　　《新學僞經考》之要點：一、西漢經學，並無所謂古文者，凡古文
　　皆劉歆僞作；二、秦焚書，並未厄及《六經》，漢（今文經）十四博
　　士所傳，皆孔門足本，並無殘缺；三、孔子時所用字，即秦、漢間
　　篆書，即以「文」論，亦絕無今古之目；四、劉歆欲彌縫其作僞之
　　跡，故校中秘書時，於一切古書多加羼亂；五、劉歆所以作僞經之
　　故，因欲佐莽篡漢，故謀湮亂孔子之微言大義。（《清代學術概論》，
　　頁 127、128）

康有爲的這兩部著作，在觀念上基本上是相貫串的。前者說明孔子「立教改
制」，並將微言大義全數隱含今文經中。中國本來可以在孔子的帶領下進入「太
平世」，可是劉歆爲了王莽篡漢，而羼僞今文經，並成立古文僞經。這使得中
國二千多年來，經歷了無數的苦難與浩劫。關於康有爲的這套說法在《孟子
微》中以〈闢異〉篇提到最多，其他篇章也有散見。因此，以下就《孟子微》

各篇章中有關改制的思想，加以結合，再配合《孔子改制考》、《新學僞經考》，希望能夠描繪出康有爲「神化孔子」的過程。

一、先秦諸子並起創教改制

在《孟子微》中，康有爲繼承公羊學傳統，提倡孔子作《春秋》，象徵著「素王改制」的說法：

> 《春秋》作，新王受命。（《孟子微・總論第一》）

> 《春秋》作，新王改制。（《孟子微・仁政第九》）

> 《春秋》一書爲孔子素王改制之書。（《孟子微・總論第一》）

他引用《孟子》、《荀子》和《莊子》等書的記載，加以證明：

> 《春秋》作新王受命，《孟子》曰：「《春秋》，天子之事。」《莊子》曰：「《春秋》經世，先王之志。」凡孟子、荀子，孔門後學所稱先王，皆孔子也。……蓋天下歸往謂之王，今天下所歸往者莫如孔子。……，既天下歸往孔子，安得不爲王乎？（《孟子微・總論第一》）

> 先王，孔子也。孔子爲春秋新王。《莊子》曰：「《春秋》經世，先王之志」；《荀子》曰：「孔子仁智且不蔽，故治術可以爲先王也」可證。（《孟子微・闢異第十八》）

以孔子爲「新王」是公羊學的傳統看法，康有爲的創意在於進一步將孔子「宗教化」，封給孔子「教主」、「教王」的頭銜：

> 孔子爲教主，稱「素王」。（《孟子微・總論第一》）

> 故稱孔子以「神明聖王」，至宜也。（《孟子微・貴恥第十四》）

> 故春秋以孔子爲新王，所謂善教以德行仁，爲後世之教王者也。教王爲民所愛，天下心服，入其教者，遷善而不知，過化存神，東西南北，無思不服，同流天地，非孔子孰當之？（《孟子微・王霸第八》）

頗耐人尋味地，康有爲不但以孔子爲儒教之教主，同時也將先秦諸子，都說成了教主：〔註3〕

> 當春秋、戰國時，諸子並出，各自改制立法。如棘子成……、原

〔註3〕 不僅先秦諸子爲教主，康有爲同時把伯夷、伊尹、柳下惠三人也都說成教主，「故孟子頻稱伯夷、伊尹、柳下惠。三聖者，亦殷周時之教主矣。」（《孟子微・論古第十七》）

> 壞……、子桑伯子……，直躬……、丈人、接輿、沮溺、微生畝……。
> 若《荀子・非十二子篇》、《莊子・天下篇》所稱，皆諸子之創教有
> 成者。(《孟子微・闢異第十八》)

康有爲將「學派」都說成了「教派」。爲什麼先秦時會有這麼多的「教派」呢？
關於「諸子並出」的現象，他認爲主要有兩個原因。首先，時代背景使然：

> 當孟子時，周室爵祿之制已不得聞，故諸子並起得以改制。(《孟子
> 微・政制第十一》)

康有爲認爲諸子得以並起「創教改制」原因，首先在於「周室爵祿之制已不
得聞」，這是時代背景使然，其次，就人類智性積累使然：

> 大地之運，草昧既開，二千餘年至周末時，而文明日興，民智日闢。
> (《孟子微・闢異第十八》)

> 凡物積粗而後精生焉，積賤而後貴生焉，積愚而後智生焉。積土石
> 而草木生，積蟲介而禽獸生，人爲萬物之靈，其生尤後者也。洪水
> 者，大地所共也。人類之生皆在洪水之後，故大地民眾皆蘆萌於夏
> 禹之時。積人（仁）積智，二千年而事理咸備。於是才智之尤秀傑
> 者，蜂出挺立，不可遏靡；各因其受天之質，生人之遇，樹論語，
> 聚徒眾，改制立度，思易天下。……毅然自行其志，思立教以範圍
> 天下者也。……故大地諸教之出，尤盛於春秋戰國時哉！(《孔子改
> 制考・周末諸子並起創教考》)

康有爲認爲人類智力隨著時間積累而增加。中國到了春秋時代，已有二千多
年的歷史，智性漸漸宏富，這時正好「周室爵祿之制已不得聞」，於是「才智
之尤秀傑者」，想要「立教以範圍天下」紛紛「樹論語、聚徒眾，改制立度，
思易天下」，「諸子並出，各自改制立法」。

二、諸子以「託古」技巧立說

諸子在「立法」時，有一個共通而重要的現象，那就是「託古」。諸子爲
了使自己的言論更具有說服力，於是普遍使用「託古」的技巧，將自己的理
論「託古」給某位古人：

> 戰國時，諸子自爲改制，多託古人，故諸子多稱黃帝。……《韓非
> 子・顯學篇》曰：「孔子、墨子皆稱堯舜，而是非不同。堯舜不可復
> 生，誰使定孔、墨之眞乎？」以此知孔子、墨子之稱堯舜，亦託古

也。(《孟子微‧闢異第十八》)

百家多稱黃帝,可見託古之盛。(《孔子改制考‧諸子改制託古考》)
託古技巧的運用,如墨子的「尊天事鬼皆墨子之法,而託之先王。」(《孔子改制考‧諸子改制託古考》)、「墨子惡時之專用世爵,故託古聖以申尚賢之義」等,就連「神明聖王」的孔子也不例外,「夫三代文教之盛,實由孔子推託之故」。

爲什麼諸子不勇敢地以自己的名義發表理論,而要借用古人的名義呢?康有爲說:

榮古而虐今,賤近而貴遠,人之情哉!耳目所聞睹,則遺忽之;耳
目所不睹聞,則敬異之,人之情哉!(《孔子改制考》卷四)

因爲人情往往「貴遠賤近」、「榮古虐今」,所以將自己的理論「假託」給某位有名的古人,無形中就增加了「權威性」,使得自己的理論更具有說服力。可是這種假託的現象,爲什麼不會被拆穿?原因在於「上古茫昧無可稽考」:

人生六、七齡以前,事跡茫昧,不可得記也。開國之始,方略缺如,
不可得詳也。況太古開闢,爲萌爲芽,漫漫長夜,舟車不通,書契
難削,疇能稽哉?……吾中國號稱古名國,文明最先矣。然《六經》
以前,無復書記,夏、殷無徵,周籍已去,共和以前,不可年識,
秦、漢以後,乃得詳記。(《孔子改制考‧上古茫昧無稽考》)

洪水者,大地所共也。人類之生皆在洪水之後,故大地民眾皆蘆萌
於夏禹之時。(《孔子改制考‧周末諸子並起創教考》)

上古之所以「茫昧」是因爲時間久遠,沒有文字更不復記憶;再加上大禹之前洪水氾濫,「人類之生皆在洪水之後」,因此夏禹之前的歷史是無法稽考的。而正式有文字、史實可以稽考是從六經開始。因爲這個緣故,使得諸子創教改制時,可以毫無拘束地「託古」立說,不用爲史實負責。

康有爲認爲因爲上古茫昧無法稽考,所以當諸子提到上古之事,都是「託古」技巧的運用,不必以史實求之。他指出某些前輩就犯了這種錯誤,如:

譙周、蘇轍、胡宏、羅泌之流,乃敢於考古,實其荒誕;崔東壁乃爲
《考信錄》以傳信之,豈不謬哉!(《孔子改制考‧上古茫昧無稽考》)

故(孔子)創爲井田之制,……,可見古無授田之制。……朱子疑
一王初起,無盡易天下田畝之理,實不可解。蓋未知夏、商、周之
制,皆孔子所託三統之制也。(《孟子微‧總論第一》)

三、孔教脫穎而出

　　諸子都是「才智之尤秀傑者」，以「託古」的技巧提出「精深奧瑋之論」，進行「改制」，同時又能夠實踐自己的理論，「毅然自行其志」。然而在諸子之中，康有爲最推崇孔子：

> 不鑒古今中外，則不知何者爲宜；不窮飛潛動植，鬼神物怪，則不知人道；不遍考諸子各教，是非得失，則不知聖教。(《孟子微·貴恥第十四》)

康有爲之所以推崇孔子「聖教」的理由有三：首先，孔子是「神人」。康有爲不採取「(叔梁)紇與顏氏女野合而生孔子」(《史記·孔子世家》)的說法，和何休一樣，康有爲將孔子出生說成神話：

> 孔子蒼帝降精，此明天所降，生爲聖人，非父母所能。(《孟子微·孝弟第六》)

孔子乃神明直接「降精」轉世，這種特殊的出生背景和耶穌相同，是一種神性的證明。至於諸子不過是「才智之尤秀傑者」，由「積智」進化而來的凡人。不同的天性將發展不同的思想理論。身爲「神」的孔子是「完美的」、「絕對的」，超越於人的，不「協於人道」的，因此他知道何謂「人道之正」，能夠發展出完美無偏頗的思想：

> 此明孔子自有正道，諸教主雖有至德，究不可從也。蓋凡教主皆有絕人之詣，但協於人道，不得其正。惟孔子乃得人道之正，而可從耳。(《孟子微·論古第十七》)

> 若孔子，則大化舒卷，與天同之，千百化身，無所不可。裘葛皆具，視冬夏而衣之；冰炭還備，因寒暑而用之。時無常，量無止，道無大小精粗，六通四闢，無所不在，故謂之集大成(按：集伯夷、伊尹、柳下惠三人之大成)。不名一德，不限一器，無所不在，肫肫其仁，淵淵其淵，溥博淵泉而時出之，此所以爲聖之不可測，而爲神也。(《孟子微·論古第十七》)

相對地，諸子則「各因其受天之質」，而天有陰陽，「惟其質毗於陰陽，故其說亦多偏蔽」。這種不純的天性所發展出來的理論，有時候反而有害於人：

> 諸子創教者，以其方術爲不可加，持之有故，言之成理，以此聚徒，以惑亂天下，故以爲人之患也。(《孟子微·辨說第十六》)

　　其次，孔子創教的目的是爲人。諸子爲己而欲「立教以範圍天下」；相對

地，孔子就顯得高貴多了，因爲孔子創教的目的在於爲人、爲了生民：

> 天旣哀大地生人之多艱，黑帝乃降精而救民患，爲神明，爲聖王，
> 爲萬世作師，爲萬民作保，爲大地救主。（《孔子改制考‧敘》）

> 凡聖者之自得，皆超然於天人之上，視人間世皆腥膻培塿，視皇王
> 帝霸皆塵垢秕糠，不足當一哂也。至舍身劬體以爲之，則因不忍人
> 之心盛大熱蒸，不能自已耳。孔子曰：「吾非斯人之徒與，而誰與？
> 天下有道，丘不與易也。」（《孟子微‧總論第一》）

孔子原本是天神，「超然於天人之上，視人間世皆腥膻培塿，視皇王帝霸皆塵垢秕糠，不足當一哂也」，然而爲什麼要「降精」轉世爲人呢？這是因爲聖人具有「救民患」的慈悲心，「因不忍人之心盛大熱蒸，不能自已耳」！

最後，孔子教義可以適用無窮。這是孔子超越諸子最重要的一點。孔子爲「聖之時者也」，「聖人之行，隨時地以不同」（《孟子微‧辨說第十六》）：

> 至若處事，宜當變故，權宜濟難，其道固多。（《孟子微‧貴恥第十
> 四》）

> 運有隆污，遇有否泰，不持一義以待人，故立三者以爲經權常變之
> 用。……蓋萬理甚博，故孔子皆設三以待之。（同上）

因爲「運有隆污」而「遇有否泰」，在複雜的現實環境當中，要解決各類的問題，則必須針對各種問題的型態，提出不同的因應辦法。因此「不持一義以待人」，要懂「多方以濟之」，這樣才能「對症下藥」。

> 慈母之撫兒啼，多方以誘之，不限一術，要之能止兒蹄而已。大人
> 之治生民，多方以濟之，不限一道，要於能樂利群生而已。（同上）

> 大醫王藥籠中何藥不具？其開方也，但求病瘳，非其全體也。病變
> 則方又變矣，無其病又不能授以藥也。豈有傳獨步單方，而可爲聖
> 醫乎？（《孟子微‧自序一》）

孔子不以「單方」救世，「立三者以爲經權常變之用」、「孔子凡立一制，皆預爲三者，以待後人變通」（《孟子微‧仁政第九》）。這也就是所謂的「三世說」。

四、孔教的教義──三世說

孔教的主要教義爲「三世說」，也就是「三世進化之義」。所謂「三世進化」是指人類社會的歷史發展，可以分爲三個階段──據亂世、升平世、太

平世。社會的發展就是沿著這三個階段，朝向自由、平等、獨立等方向努力。這是「進化」的必然性，任何人也阻擋不住的歷史潮流。

「三世」中，每一「世」各有相應的「制」，也就是發展的「制度」、重點。以政治爲例：

> 或民主，或君主，皆因民情所推戴，而爲天命所歸依，不能強也。亂世、升平世、太平世，皆有時命運遇，不能強致，大義則專爲國民。若其因時選革，或民主、或君主，或君民共主，迭爲變遷，皆必有之義，而不能少者也。即如今大地中，三法並存，大約據亂世尚君主，升平世尚君民共主，太平世尚民主矣。(《孟子微·同民第十》)

據亂世代表政治最原始的狀況，崇尙君主，屬於「封建諸侯」的型態：到了升平世，則進步爲「君民共主」，政府開始授權、開議院；到了最後的太平世，也是政治發展的最高階段，這時人民可以享有完全的自主權，「民主政治」成爲唯一的政治型態。這就是康有爲變法的理論與重點。他依據「三世說」的理論，認爲當時中國由「據亂世」欲進入「升平世」，因此建議光緒皇帝放棄「君主專制」而改採「君主立憲」。

雖然說「孔子皆設三以待之」，但是將人類的發展，只有用「三世」來規劃，顯得有些粗略。因此，康有爲又將「三世」予以細分、繁複：

> 一世之中有三世，故可推爲九世，又可推爲八十一世，以至於無窮。

(《孟子微·總論第一》)

可見「三世」只是粗略、大概的分法，細分則可以至無窮。將「三世」「繁複化」的結果，使得它因應的範圍，可以「推於諸星諸天而無窮」，這證明了孔道之大，「孔子無不有」；而且孔道在面對問題時，懂得權變，具有彈性，能因其「世」取其「制」而行，即所謂的「發現因時」。孔子具有「因時」的觀念，爲「聖之時者也」。

「因時」的觀念，使得孔教得以超越諸子和其他宗教：

> 就老、墨二教比，墨子「非攻」、「尙同」，實有大同太平之義，……但倡此說於據亂世，教化未至，人道未立之時，未免太遠。猶佛氏倡眾生平等，不殺不淫之理於上古，亦不能行也。蓋夏裘冬葛，既易其時以致病，其害政一也。凡「非攻」、「尙同」、「兼愛」之義，眾生平等戒殺之心，固孔子之所有，但孔子無不有，發現因時耳。

（《孟子微‧闢異第十八》）

諸教中以老、墨二教最大，然而還是不如孔教，最主要的原因就在於老、墨沒有「因時」的觀念，在「據亂世」中，提倡「太平世」之法，使得理論有如「夏裘冬葛」，不能「對症下藥」，不但不能救世，反而害政！

孔子雖然和諸子一樣創教，可是孔教比其他諸教完備而且高明，孔教具有三世教義，三種救世的方法，又懂得因時循序漸進，所以漢武帝以後，諸教就遭到淘汰，「天下咸歸依孔子，大道遂合，故自漢以後無諸子」。

五、孔教的傳承

康有為認為任何宗教或學說創立之後，都需要有後人加以發揚，然後大盛，「若佛教之有龍樹，基督教之有保羅是也」。孔教也不例外：

> 一王之起，必有熊羆之士，不二心之臣，為之先後疏附禦侮，而後大業成。一教主之起，亦何獨不然？必有魁壘雄邁，龍象蹴踏之元夫巨子，為之發明布濩，而後大教盛。不惟其當時，而多得之於身後。若佛教之有龍樹，基督教之有保羅是也。孔子改制創教，傳於七十子，其後學散布天下，徒侶六萬，於是儒分為八，而戰國時孟、荀尤以巨儒為二大宗。（《孟子微‧自序一》）

孔子創教，傳於七十弟子，而後有信徒六萬。到了戰國時，孟子、荀子分別成為「孔教」的兩大宗師。

雖然說「孔子改制創教，傳於七十子，其後學散布天下，徒侶六萬」，孔教因有得力弟子加以傳佈而大盛，但是因為孔子之道包含太廣，而孔子最得意的弟子顏淵又早歿，所以後出的弟子在傳承上，難免有「不能盡傳」的遺憾：

> 昔莊生稱孔子之道，原天地，本神明，育萬物，本末精粗，四通六闢，其運無乎不在。後學各其一體，寡能見天地之容，故闇而不明，鬱而不發，而大道遂為天下裂。嗟夫！蓋顏子早歿，而孔子微言大義不能盡傳矣。（同上）

在「不能盡傳」於一人的情形底下，變成了「分傳」的現象，「大道遂為天下裂」，「後學各得其一體」。

首先，就「三世說」的傳承而言。康有為說：

> 子貢傳太平之學，曰：「我不欲人之加諸我，吾亦欲無加諸人」，人己皆平。……有子傳升平之學，其傳在子游、子張、子夏，而子游

> 得大同，傳之子思、孟子。曾子傳據亂世之學，故以省躬寡過爲主，
> 規模少狹隘矣。曾子最老壽，九十餘乃卒，弟子最多，其道最行。
> 而有子亦早卒，其道不昌，於是孔子之學隘矣，此儒教之不幸也。(《孟
> 子微・闢異第十八》)

「子貢傳太平之學」，子貢說：「我不欲人之加諸我，吾亦欲無加諸人」，這種
「人己皆平」的平等觀，正是「太平世」的主要精神；「曾子傳據亂世之學」，
「據亂世」的特點之一，就是「爲己」，「規模少狹隘矣」，「故以省躬寡過爲
主」。但是因爲「曾子最老壽，九十餘乃卒，弟子最多，其道最行」；「有子傳
升平之學」，但因早卒，故其道不昌，還好有子夏、子游、子張三位傑出的弟
子：

> 《論語》開章於孔子之後，即繼以有子、曾子。又孔門諸弟子皆稱
> 字，雖顏子亦然，惟有子、曾子獨稱子，蓋孔門傳學二大派，而有
> 子、曾子爲巨子宗師也。自顏子之外，無如有子者，故以子夏之學，
> 子游之禮，子張之才，尚願事以爲師，惟曾子不可，故別開學派。
> 今觀子夏、子張、子游之學，可推見有子之學矣。(《孟子微・闢異
> 第十八》)

子夏、子游、子張三人當中「子游得大同」，再傳之「聖孫」子思，最後傳到
了孟子。

其次，就六經〔註4〕的傳承而言。六經皆爲孔子所作，〔註5〕同時也是孔
教的教義所在：

> 堯舜之道即孔子《六經》之道也，必反之《六經》之道，乃可以正
> 舊俗。《六經》釐正，三世之道光明，則人民人人自立而興起，邪道
> 自無可容也。(《孟子微・闢異第十八》)

六經當中，孟子傳《詩》、《書》、《春秋》，而荀子傳《禮》：

> 荀卿傳《禮》，孟子傳《詩》、《書》及《春秋》。(《孟子微・自序一》)

雖然就《六經》傳承而言，孟子因未得到孔子《易》的傳承，而有所遺

〔註4〕 康有爲以爲六經實則只有五經，因爲其中的《樂》，分別存於《禮》與《詩》
之中：「按：《六經》皆孔子所作。《詩》三百五篇、《書》二十八篇、《禮》十
六篇、《易》上、下二篇，《春秋》十一篇，樂在於聲，其制存於《禮》，其章
存於《詩》，無文辭，是爲《六經》。」(《新學僞經考・漢書藝文志辨僞第三上》)
〔註5〕 「《六經》皆孔子所作」，但孔子自言「述而不作」，對於這個矛盾，康有爲說：
「孔子改制，皆託之三代，故曰：『述而不作』」(《萬木草堂口說，孔子改制》)

憾：

> 夫孟子不傳《易》，寡言天之精微，於孔子天地之全，尚未幾焉！（《孟子微・自序一》）

但是孟子傳承了《春秋》，《春秋》爲孔了「晚年定論」，是「孔子之道」所在：

> 《詩》、《書》、《禮》、《樂》爲孔子早年所作，而《春秋》、《易》爲晚年定論。（《孟子微・闢異第十八》）

> 學者考孔子之道《六經》，而該括則在《春秋》矣。（同上）

> 惟孟子之言孔子，不稱其盛德至聖，但言作《春秋》一事。……《春秋》一書爲孔子素王改制之書，……《孝經緯》：「孔子曰：『吾志在《春秋》』。」……然則，求孔子之道，當於《春秋》。（《孟子微・總論第一》）

《春秋》之所以重要，乃在於其中有「孔子聖意之所寄」的「三世進化」之意：

> 蓋《春秋》有三世進化之義，爲孔子聖意之所寄，孔子之所以賢於堯舜，功冠生民者，在是。（《孟子微・總論第一》）

因爲孟子得孔子的「三世進化之義」，所以還是可以稱得上「得孔子大道之本者也」：

> 雖然，孟子乎眞得孔子大道之本者也。……然則，孟子乎眞傳子游、子思之道者也。直指本來，條分脉縷，欲得孔子性道之原，平世大同之義，舍孟子乎莫之求矣。顏子之道不可得傳，得見子游、子思之道，斯可矣！（《孟子微・自序一》）

因此康有爲稱讚孟子說：「孟子乎眞孔門之龍樹、保羅！」（《孟子微・自序一》）肯定孟子發揚孔教的功勞。

六、孔教的挫折

孔教有優越的「三世進化之義」作爲教義，又有得力的弟子孟、荀加以傳教，造成了「其後學散布天下，徒侶六萬」、「天下咸歸依孔子」的空前盛況。但不幸地，不久之後，卻遭到劉歆的破壞，使得儒學受到了重大的挫折：

> 夫兩漢君臣、儒生，尊從《春秋》撥亂之制而雜以霸術，猶未盡行也。聖制萌芽，新歆遽出，僞《左》盛行，古文篡亂。（《孔子改制

考‧敘》)

爲了「新莽」的政權，劉歆不惜「飾經佐簒」。以「校祕書」的機會，「借祕書而行其僞」，以僞作《左傳》爲起始，進而「遍僞諸經」：

> 《左氏春秋》至歆校祕書時乃見，則向來人間不見可知。……既已僞《左傳》矣，必思徵驗乃能見信，於是遍僞群經矣。（《新學僞經考‧劉歆王莽傳辨僞第六》）

劉歆既站在學術的立場，爲王莽簒漢「點竄其僞經，以迎媚之」，王莽乃以「推行歆學」作爲回饋：

> 時莽未有簒之隙也，則歆之畜志簒孔學久矣。遭逢莽簒，因點竄其僞經以迎媚之。歆既獎成莽之簒漢矣，莽推行歆學，又徵召爲歆學者千餘人詣公車，立諸僞經於學官，莽又獎成歆之簒孔矣。（同上）

由於「歆、莽交相爲」，再加上鄭康成等人的「推波助瀾」：

> 僞古文傳至賈、馬，歆既張矣。而所以輔成古學，簒今學之大統者，則全在鄭康成一人。推康成所以能集《六經》之成，以滅今學者，蓋有故焉。……而康成弟子遍天下，得乘間抵隙，收拾天下之士以言遺經，挾此數者，萬流歸宗，於是，天下執言學無有出鄭氏者。（《新學僞經考‧僞經傳於通學成於鄭玄考第八》）

於是劉歆的「新學」（僞古文經）最後終於取代了今文經學。雖然後來新莽政權終告結束，但卻也造成了「久假成眞」不幸：

> 至於後世，則亡新之亡久矣；而歆經大行，其祚二千年，則歆之簒過於莽也。（《新學僞經考‧劉歆王莽傳辨僞第六》）

> 劉歆之撰僞經也，託於通人，傳於校書，統一於鄭玄，布護衍溢於魏、晉、六朝之儒，決定於隋、唐之陸德明、孔穎達、賈公彥，遂至於今。（《新學僞經考‧僞經傳授表第十二上》）

由於王莽君臣的簒僞，使得孔子乃至於整個傳統學術遭到了重大的破壞，進而中華民族歷經前所未有的浩劫：

> 于是削移孔子之經而爲周公，降孔子之聖王而爲先師，《公羊》之學廢，改制之義湮，三世之說微，太平之治，大同之樂，闇而不明，鬱而不發。我華我夏，雜以魏、晉、隋、唐佛老、詞章之學，亂以氐、羌、突厥、契丹、蒙古之風，非惟不識太平，並求漢人撥亂之義亦乖剌而不可得，而中國之民遂二千年被暴主、夷狄之酷政。耗

矣，哀哉！（《孔子改制考‧敍》）

以上就《孟子微》的資料爲主，敍述康有爲「神化」孔子的過程。整個思想的梗概，都可以從上一章「清代中葉以後的公羊學發展」中，找到類似的概念與影子。康有爲主要的創意在於將孔子「宗教化」，藉「神化」之後的孔了來爲自己變法思想「代言」，同時對抗西方宗教侵略。

根據康有爲的說法，孔教既遭劉歆的破壞，使得孔教的教義「三世進化之義」不得申張，因此康有爲一生的職志則在發揚此義，而寫作《孟子微》的目的也就在此。

第五章　《孟子微》的「三世進化之義」

　　康有爲認爲孟子得孔之本，傳孔子的「三世進化之義」，因此，註解《孟子》希望發揚孔子「三世」進化的思想。

　　康有爲所謂的「三世進化」，是指人類社會的歷史發展，有「據亂世」、「升平世」、「太平世」三個階段。整個人類社會的發展就是沿著這三個階段，朝向自由、平等、獨立等方向努力。這是「進化」的必然性，任何人也阻擋不住的歷史潮流。

第一節　進化思想的學術淵源

　　關於康有爲的進化思想，胡楚生先生說：

> 光緒十年甲申（1884），康氏撰《禮運注》，光緒十九年癸巳（1893），
> 康氏撰《孟子爲公羊學考》、《論語爲公羊學考》，光緒二十二丙申
> （1896），康氏撰《春秋董氏學》，光緒二十七年辛丑（1901），康氏
> 撰《春秋筆削大義微言考》，其於傳統之進化思想，則已體悟漸深。
> （〈康有爲《論語注》中之進化思想〉）

據此早在光緒十年，康有爲就開始運用「傳統之進化思想」注書。至於進化思想的淵源，不僅來自傳統，同時也受到西方「進化論」的影響：

> 康氏既於《春秋》與《禮運》等傳統舊籍，有所闡明，又於西洋新
> 說，別有會意，兩者交融互匯，因而形成其獨特之因時進化思想，
> 且用此思想，以詮釋古籍，以印證心得。（同上）

康有爲進化思想的淵源，不僅得自「《春秋》與《禮運》等傳統舊籍」，同時

吸收西方的「進化論」，成爲中、西「兩者交融互匯」之下的產物。

一、中國傳統學術方面

康有爲在《禮運注・敘》中自述其爲學的經過說：

> 予小子六歲而受經，十二歲而盡讀周世孔氏之遺文，乃受經說及宋
> 儒先賢之言，二十七歲而盡讀漢、魏、六朝、唐、宋、明及國朝人
> 傳注考據義理之說，所以考求孔子之道者，既博而勌矣。始循宋人
> 之途轍，……既悟孔子不如是之拘且隘也；繼遵漢人之門，……悟
> 其不如是之碎且亂也。……既乃去古學之僞，而求之今文學，……
> 凡齊、魯、韓之《詩》，大小夏侯之《書》，孟、焦、京之《易》，大
> 小戴之《禮》，公羊、穀梁之《春秋》，而得《易》之陰陽之變，《春
> 秋》三世之義，……讀至〈禮運〉，乃浩然而嘆曰：「孔子三世之變，
> 大道之眞，在是矣；大同小康之道，發之明而別之精，古今進化之
> 故，神聖憫世之深，在是矣。」（《禮運注・敘》）

可見康有爲自認其「孔子三世之變」、「古今進化之故」，乃得自於「《易》之
陰陽之變，《春秋》三世之義」。其女康同璧也斷言乃父的進化思想，根源於
中國傳統文化：

> 決非〈禮運〉三世之進化學說，源緒千百年後之達爾文也。[註1]

學生梁啓超也說：

> 先生發明《春秋》三世之義，以爲文明世界在於他日，日進而日盛，
> 蓋中國自創言進化學者，以此爲嚆矢焉。[註2]

以康有爲的進化思想，源自於「《春秋》三世之義」的說法，在理論上是成立
的。因爲從何休對「張三世」的詮釋中，就已經隱含了「進化」的意味。何
休將「所見、所聞、所傳聞」的「三世」與「內外」結合，從而描述出魯國
的歷史：由「所傳聞」世，處於亂世之中，諸侯割據，華夏尚未統一，各諸
侯只能「內其國外諸夏」；到「所聞」世，實現升平，諸侯割據結束，華夏統
一，於是「內諸夏而外夷狄」；最後到了「所見」世，進入太平世，天下大一
統，「夷狄進至於爵，遠近大小若一」。這種「撥亂起治」、「由內及外」的歷

〔註1〕 康同璧《回憶康南海史實》，見《文史資料選輯》第二十三輯。（轉引自鍾賢
　　　 培：《康有爲思想研究》，頁140）

〔註2〕 梁啓超《康有爲傳》，《戊戌變法》（四）。（同上）

程，就隱含了社會「進化」的觀念。

在前面第三章「《孟子微》的公羊學術淵源」中，提到清代中葉以後公羊學發展，從龔自珍開始對於公羊學說的發皇，從「內外」義漸漸轉向「張三世」。使「張三世」不再附麗於「通三統」之下。龔自珍對「三世」義的發展，不但建立起「階段式」的史觀，以「三世」詮釋古史，並且將其「繁複化」，擴大「三世」包含的範圍，將其運用至其他典籍。到了魏源，提出自己的「三世」觀念，並用這個模型來解釋中國歷史的發展。由此，也可以看出康有為的「三世進化」思想，繼承了中國傳統公羊學發展的成果。

二、西洋學術方面

雖然說《春秋》「三世」，已隱含進化思想，但這並不意味，康有為的進化思想，不會受西學的影響而加強。在自編《年譜》中，多處記載他與西學的關係。

根據《年譜》的自述，早在光緒五年，就與西書接觸，「既而得西國近事彙編、李□環游地球新錄及西書數種覽之」（《康南海自編年譜》，頁 11），這使得他對西方世界產生好奇。不久，康有為到香港遊覽，對於當地「宮室之瑰麗，道路之整潔，巡捕之嚴密」，留下深刻的印象，「乃始知西人治國有法度，不得以古舊之夷狄視之」，「乃復閱海國圖誌、瀛環志略等書，購地球圖，漸收西學之書，為講西學之基矣」。光緒八年夏天，他到北京應順天鄉試，落榜南歸，路經上海，看到租界的繁榮，「益知西人治術之有本」。於是沿途「大購西書以歸講求焉」，「十一月還家，自是大講西學，始盡釋故見」。對西學的接觸，使他對西方的態度與傳統「華夷之辨」完全不同，並且開始嘗試以西方學術講學。

光緒九年，他延伸了西學的觸角，「購萬國公報」，「聲、光、化、電、重學及各國史志，諸人游記皆涉焉」，這種「大攻西學書」的精神，可說已到了「狂熱」的地步。會有這種「求知若渴」的現象，一定是和西學之間，有了某種「契合」，而這種契合正是他原本所追求的。因此，康有為的思想開始受到西學的影響，「是時絕意試事，專精問學，新識深思，妙悟精神，俛讀仰思，日新大進」。光緒十年，西學對他的影響更加地深入：

> 所悟日深，因顯微鏡之萬數千倍者，視虱如輪，見蟻如象，而悟大
> 小齊同之理。因電機光線一秒數十萬里，而悟久遠齊同之理。知至

> 大小之外，尚有大者，至小之內，尚包小者，剖一而無盡，吹萬而
> 不同，根元氣之混侖，推太平之世，既知來去，則專以現在爲總持，
> 既知無無，則專以生有爲存存，既知氣精神無生死，則專以示現爲
> 解脫……。(《康南海先生自編年譜》，頁14)

> 合經子之奧言，探儒佛之微旨，參中西之新理，窮天地之賾變，……
> 浩然自得。(《康南海先生自編年譜》，頁15)

西學和他原本傳統的思想相互融合、應證，擴大他的視野，提升了思想的境界。

光緒十一年：

> 從事算學、以幾何著《人類公理》。既而張延秋招游京師，二月將行，
> 二十三日頭痛大作，幾死。日讀醫書，既而目痛不能視文字。醫者
> 束手無法，惟裹頭行吟於室，數月不出，檢視書記遺稿，從容待死，
> 乃手定大同之制，名曰《人類公理》，以爲吾既聞道，既定大同，可
> 以死矣！即而得西醫書讀之，以信西學之故，創試西藥，如方爲之，
> 乃漸效，日走村後大樹下，至七月乃瘳。(《康南海先生自編年譜》，
> 頁15、16)

在中醫束手無策之下，西醫反而救了他一命，這個際遇使他對於西學更加地相信。而臨死前的「聞道」之作——《人類公理》，該書的架構與原理，不採用中國傳統學術，而是以「算學」、「幾何」爲之，可見他西學的自得與推崇。

光緒十二年，他透過友人張延秋向兩廣總督張之洞建議：

> 中國西書太少，傅蘭雅所譯西書，皆兵醫不切之學，其政書甚要，
> 西學甚多新理，皆中國所無，宜開局譯之，爲最要事。(《康南海先
> 生自編年譜》，頁16)

他知道中國譯書的問題所在，這表示他對於西書已經有了較爲全面的認識與掌握。同時標榜「政書」，強調西方政治制度的重要，可見他對西學的研究，開始「由博轉約」，找尋屬於自己的方向。

由於康有爲與西學的關係密切，必能從當時翻譯的西書，以及外人在上海辦的書報，學到不少自然科學，特別是古生物學、考古學、天文學等知識，並且從中吸取了西方的進化論思想。使他懂得「生物始於苔，動物始於介類」，「荒古以前生草木，遠古生鳥獸，近古生人」，「人自猿猴變出」，由此而悟出世界上的一切，都是由低級向高級漸次地遞變的道理。

　　光緒二十二年，赫胥黎《天演論》翻譯進入中國，這對康有為的思想必然造成影響：

> 光緒二十二年丙申（1896），嚴幾道所譯赫胥黎（天演論）稿成，先以之示梁啟超等人，此書闡釋達爾文、斯賓塞爾以下之進化理論極詳，康有為由其弟子梁啟超之介引，亦嘗獲讀是書，則其於進化論中之「物競天擇」、「適者生存」諸義，亦當有較為深刻而會心之體味，固可斷言。（〈康有為《論語注》中之進化思想〉）

當梁啟超將嚴復《天演論》譯稿送給康有為讀後，康氏表示極度欽佩。但梁啟超說：「書中之言，啟超等昔嘗有所聞於南海而未盡」，[註3] 可知康有為在廣州講學時，早已對弟子們講到進化的理論，只是不及《天演論》的系統詳盡而已。這或許是因為先前都是從報章讀到單篇、片斷的進化思想，不及專書來得完整有系統。

　　由以上的探討，我們可以說康有為的進化思想，得自於中西思想的交匯。它是西方學術思想與中國「《易》之陰陽之變，《春秋》三世之義」等的結合。

第二節　時代背景——宣揚變法維新思想

　　康有為的三世思想結合了西方的進化論與中國傳統《易》陰陽變化、《春秋》三世之義，這是就思想的淵源而言；然而康有為之所以極力提倡進化思想與優點，主要還是為了現實政治環境的需要，為了替變法維新創造理論的基礎。

　　戊戌維新時期，康有為多次經由向皇帝上書和進呈書籍來闡明自己的變法思想。康有為的變法意識是被清末「非常之變局」所喚醒的。在上書（尤其是上清帝第一至四書），康有為不僅清醒地指出中國貧弱的現象，而且進一步深究原因，得到了「今國勢貧弱，至於危迫者，蓋法弊致然」的結論。

　　所謂的「法」，是指中國歷代一脈相承的封建制度。中國二千年來「以法治天下」，但此「法」自「六朝、唐、宋、元、明」以來，早已成為「弊政」；清朝法度「因沿明制」，經歷了數百年之後，其弊更多。他並舉出政治、經濟、軍事、文化、教育等方面「凡百積弊」。

〔註3〕西元 1896 年，〈與嚴幼陵先生書〉。（轉引自鍾賢培：《康有為思想研究》，頁140。）

「法」之所以不能不變，除了中國內部的積弊之外，更重要的是在於中國外部時勢的改換。康有爲以西方的入侵爲界限，將歷史劃分爲兩大時代，即「一統垂裳」和「列國並立」的時代。這兩個時代在「治勢」和「治法」都完全不同，甚至相反。前者「率由舊章」、「拱手無爲」；後者「更新百度」、「爭雄角智」。兩大時代交替的意義就在於：中國若仍處於前一時代，也許「千年……不變可也」；但隨著後一新時代的來臨，若繼續使用舊的治勢治法，不僅像夏日仍衣重裘、渡河仍用車馬一樣不合時宜，而且也不可能：

> 若泥守不變，非獨久而生弊，亦且滯而難行。董仲舒曰：「爲政不能善治，更張乃可爲理，譬病症既變而仍用舊方，陸行既盡而不舍車徒，盛暑而仍用重裘，祁寒而仍用絺綌，非惟不適，必爲大害。」故能變則秦用商鞅而亦強，不變則建文用方孝孺而亦敗，當變不變，鮮不爲害。（〈變則通通則久論〉）

何況現今與中國並立的泰西諸國，不同於古代的四夷，前者在各方面都處於優勢，他們恃強凌弱，環逼中國；中國如果仍然守舊不變，勢必在列強的逼迫和爭奪之下四分五裂。因此處在「並爭」之世的中國，若要圖存，就非變法維新不可。

因爲變法的需要，康有爲反對所謂「天不變，道亦不變」的守舊思想，他認爲：

> 三代民敝，皆過也。必忠質文，循環用之，斟酌施之，而後寡過。（《孟子微・仁政第九》）

第三節　「仁」的進化論

康有爲認爲主張進化，講求維新是「孔子之要義」：

> 孔子道主進化，不主泥古，道主維新，不主守舊，時時進化，故時時維新。《大學》第一義在新民，皆孔子之要義也。……蓋凡物舊則滯，新則通；舊則板，新則活；舊則繡，新則光；舊則腐，新則鮮。伊尹曰：「用其新，去其陳，病乃不存。」天下不論何事何物，無不貴新者。孟子言新子之國，蓋孔門非常大義，可行於萬世者也。（《孟子微・仁政第九》）

康有爲將進化思想「託古」給孔子；然而，要進化就要變法維新，而學習的

對象卻是來自西方。因此，他將「中西交融互匯」，以孔子的「仁」爲「體」，作爲進化的原理，而以西方制度爲「用」，作爲具體實踐的步驟。

一、人類社會進化歷程

　　談到進化，首先必須要有進化的「起點」、「歷程」。關於人類進化的歷程，康有康說：

> 草昧初開，爲大鳥獸之世，及人類漸繁，猶日與禽獸戰爭。……中古人與人爭地，故以滅國俘虜爲大功；上古人與獸爭，故以烈山澤、逐禽獸爲大功。堯舜之時，獸蹄鳥跡之道交於中國，至周公，尚以兼夷狄、驅猛獸爲言。今則中原之地，猛獸絕跡，田獵無取，此後人道大強，獸類將滅。蓋生存競爭之理，人智則滅獸，文明之國則併野蠻，優勝劣敗，出自天然。（《孟子微・闢異第十八》）

在此，他描述出一幅人類進化的歷史。在「草昧初開」的上古之時，「人與獸爭」，在這場人獸的「生存競爭」中，人類以「智」獲得了勝利，「此後人道大強，獸類將滅」。到了中古時，繼之而起的是「人與人爭地」，獲勝的關鍵在「文明」與否，「文明之國則併野蠻」，這就是所謂的「優勝劣敗」。

　　在「爭地」而彼此兼併的情形底下，康有爲預言：天下終將合而爲一，「若天下之定於一，此乃進化自然之理」。他的理由有二，首先，「物」理皆併之自然：

> 若天下之定於一，此乃進化自然之理。人道之始，由諸鄉而兼并成部落，由諸部落兼并而成諸土司。古之侯國，即今之土司也。……故禹時萬國，湯時三千國，武王時千七百國，春秋時兼并餘二百餘國，孟子時七國，卒并於秦。漢時開隴、蜀、粤、閩、交趾，通西域三十六國，至元時奄有印度、波斯、天方西伯利部而一亞洲。即泰西亦自亞力山大兼并希臘十二國，埃及、波斯、羅馬繼之，乃成大國。凡大地皆自小併至大，將來地球亦必合一，蓋物理積併之自然。（《孟子微・仁不仁第七》）

他歸納中、外歷史的發展之後，得到的結論是「凡大地皆自小併至大」、「蓋物理積併之自然」，在「文明之國則併野蠻」的情形底下，「將來地球亦必合一」。其次，「汽路電線，縮地有方」：

> 但其始道路不通，文物未備，難於治遠，故不能不需以時日耳。元

> 得亞洲，而卒不能長駕遠馭，固由無道，亦由道遠故也。當時往欽
> 察，須馬行三年乃到，安能駕馭？惟今汽路電線，縮地有方，然後
> 乃易定於一。（《孟子微・仁不仁第七》）

康有爲認爲地球廣大，古代往返全靠馬匹，而「道路不通，文物未備」，故「難
於治遠」，到了現代因爲有了「汽路電線」的發明，使得「縮地有方，然後乃
易定於一」，這是拜科學發明之賜。

二、以「仁」爲進化的原理

康有爲認爲孔子將人類追求合一過程，分爲三個階段，也就是「據亂」、
「升平」、「太平」三世，而「仁」則爲三世進化的動力與方向：

> 世雖有三，道似不同，然審時勢之並行不悖，故其道只有一。一者
> 仁也，無論亂世平世，只歸於仁而已。（《孟子微・總論第一》）

> 非仁即不得爲人，即不可以爲道，或以爲鳥獸道則有矣，不可以爲
> 人道也。老子曰：「天地不仁，以萬物爲芻狗；聖人不仁，以百姓爲
> 芻狗。」孔子以仁爲道，故有不忍人之政。孟子傳之，由撥亂至於
> 太平，仁之至，則人人自立而大同。（《孟子微・總論第一》）

「無論亂世平世，只歸於仁而已」，康有爲認爲由「據亂世」進化到「太平世」，
人道還是要競爭，但是這種競爭的重點不同於上古的「以烈山澤、逐禽獸爲
大功」、或中古的「以滅國俘虜大功」，而是一種「歸於仁」的道德競爭。在
邁向「太平世」的理想目標之下，人將轉爲「競爭於仁義」。

> 人道競爭，強勝弱敗，天之理也。惟太平世，則不言強力，而言公
> 理。言公理，則尚德尚賢。（《孟子微・仁不仁第七》）

同時如果不從「道德進化」著手，那麼「太平世終無可望之日」：

> 或謂天演人以競爭，安能去利心？不知競爭於仁義亦爭也。若必懷
> 利心是亂世與平世之所由異，而太平終無可望之日矣。（《孟子微・
> 仁義第四》）

「物競天擇」本是進化論原則，而康有爲以「道德競爭」作爲進化的動力如
何可能？他的理由有二。首先，因爲人性本善又同好進化。康有爲認爲人有
善性、有仁義禮智四端：

> 人之性善，於何驗之？於其有惻隱、羞惡、辭讓、是非之心見之，
> 人性兼有仁義禮智之四端，故獨貴於萬物而參於化育。大人小人之

異，視其擴充與否耳。……言性善者，平世之法，令人人皆有平等
自立，故其法進化向上爲多，孟子之說是也。……人人有四端，故
人人可平等自立。（《孟子微・總論第一》）

人天生有仁義禮智的四端，人人皆有性善，所以人人皆可平等自立。

要其秉彝所含終不能沒，苟能養之，終可人人盡善。蓋惟人人有此
性，而後得同好仁而惡暴，同好文明而惡野蠻，同好進化而惡退化。
積之久，故可至太平之世，大同之道，建德之國也。若無好懿德之
性，則世界只有退化，人道將爲禽獸相吞食而立盡，豈復有今之文
明乎？（《孟子微・性命第二》）

人人有善性，又「同好仁而惡暴，同好文明而惡野蠻，同好進化而惡退化」。保
持這個「向上進化」的本性，「積之久，故可至太平之世」，反之「若無好懿德
之性，則世界只有退化，人道將爲禽獸相吞食而立盡，豈復有今之文明乎？」

其次，仁愛是出於天性，同時也是身爲人的責任。

不忍人之心，仁也，電也，以太也，人人皆有之。（《孟子微・總論
第一》）

夫仁者，相人偶之謂。莊子曰：「空谷之中，見似人者而喜。」凡人
之情，見有同貌同形同聲者，必有相愛之心，故《中庸》曰：「仁者
人也。」孟子傳子思之道，故直指曰：「仁者人也。」以人行仁，人
人有相愛之心，人人有相爲之事，推之人人皆同，故謂合人與仁即
爲道也。（《孟子微・總論第一》）

凡同爲人類，皆親愛之，此太平大同之本也。（《孟子微・孝弟第六》）

「不忍人之心，仁也」而「人人皆有之」，說明「仁」具有普遍性；「空谷之
中，見似人者而喜」，說明了愛人是出於人的本能，「見有同貌同形同聲者，
必有相愛之心」；而「仁者人也」，同類彼此相愛也是身爲人的責任。

孔子之道本於仁，仁本於孝。孝在於錫類，仁在於推恩。凡人類皆
天所生，分形而同氣者也。仁者博愛，己欲立而立人，思所以安樂
之，無使一夫之失所，然必當有仁政，乃能達其仁心。（《孟子微・
仁政第九》）

「仁者博愛」，〔註4〕仁是博愛精神的發揮；「仁本於孝」，仁以孝爲發揮的起

〔註4〕康有爲將「仁」定義爲「愛」，而「仁者博愛」。孔子的「仁」和耶穌的博愛
　　　是一樣的。因此，康有爲的「孔教」，不但在「形式」上模仿基督教，「仁者

點。「仁在於推恩」，在實踐孝的精神之後，仁繼續向外「推恩」。「推恩」的過程分別由「親親」而「仁民」而「愛物」，這三個階段也就是「三世進化」的過程：

> 孔子立三世之法：撥亂世仁不能遠，故但親親；升平世仁及同類，故能仁民；太平世眾生如一，故兼愛物。仁既有等差，亦因世爲進退大小。大同之世，人人不獨親其親子其子。禹稷當平世，視人溺猶己溺，人飢猶己飢，人人平等。愛人若己，故平世之仁廣遠，不獨親親矣。顏子當亂世，鄉鄰有鬥亦閉戶，惟被髮而救同室，故知亂世但親親。其時不同，故其理亦不同也。（《孟子微·總論第一》）
>
> 凡世有進化，仁有軌道，世之仁有大小，即軌道大小，未至其時不可強爲。（《孟子微·總論第一》）

仁的精神與實踐，一旦由「親親」而「仁民」，最後到達了「愛物」，那麼「太平世」的美好境界就來臨了：

> 至於推行爲太平道，則推己及人莫如強恕，則人己不隔，萬物一體，慈憫生心，即爲求仁之近路。……人人獨立，人人平等，人人自主，人人不相侵犯，人人交相親愛，此爲人類之公理，而進化之至平者乎！（《孟子微·總論第一》）

三、人類的進化需要聖人的領導

「仁」雖然是本能，而愛人也是人的責任，但是「天下皆中人之姿，性多偏昧，資多愚闇」、「智愚強弱之殊，質類不齊」，再加上環境的物誘與熏習，除非有聖人出來領導，否則人類的進化是不可能達到的：

> 天下皆中人之姿，性多偏昧，資多愚闇，全在於養。養者，從容漸漬，化其偏頗，成其道藝。如父兄之於子弟然，全無鄙棄惡薄之心，但有教訓成全之意。……此孟子善誘之仁，猶明先知覺後知，先覺覺後覺之責任也。（《孟子微·辨說第十六》）
>
> 愚謂生人皆同胞同與，只有均愛，本無厚薄，愛之之法，道在平均。雖天之生人，智愚強弱之殊，質類不齊，競爭自出，強勝弱敗，物爭而天自擇之，安能得平？然不平者天造之，平均者聖人調之。（《孟

博愛」的宗教主旨，可能也受到基督教的影響。

子微・辨說第十六》）

　　人之生世，與接爲搆，莫非物也。……其始藉爲懽娛，其後大生其
　　愛戀，……熏習濃深，於是不能自主，甘爲物役，舍身亡生以從之
　　矣。非惟物誘而已，凡生之俱，一地有一地之風，一國有一國之俗，
　　既入其中，皆能移人積習，既久與之俱化，忘其是非。非有大智慧、
　　大元定、大勇猛之人，罕能提醒而不爲所囿。（《孟子微・心身第三》）

康有爲這裏所謂的具有「大智慧、大元定、大勇猛」的「聖人」，當然是指孔
子。除了孔子之外，堯、舜、伊尹、孟子也有「仁」的自覺：

　　若能知天民之任，自有惻然於大同胞，而日思覺之救之，其不能覺
　　不能救，則引爲己罪者。故人人如何，只視所覺。堯、舜、伊尹、
　　孔子、孟子之覺，與常人不同故耳。（《孟子微・總論第一》）

　　在《孟子微》中，康有爲一再強調這種「愛人」自覺與覺人的責任。顯
然領導人類進化，除了孔子之外，康有爲也以此自許。

　　至於平世，則人人平等有權，人人飢溺救世，豈復有閉門思不出位
　　之防哉？（《孟子微・總論第一》）

　　人人皆性善，人人皆與堯舜同，人人皆可爲太平大同之道，不必讓
　　與人，自諉其責任也。（《孟子微・總論第一》）

　　孔門多言百世，三十年爲一世，百世則三千年，莫有能違孔子者。
　　故《中庸》曰：「百世以俟聖人而不惑」，《公羊》曰：「制《春秋》
　　之義以俟後聖」，以太平大同之理發而未光，有待後聖也。（《孟子微・
　　總論第一》）

　　然孔子雖集成定制，而《易》與《春秋》擇人而傳。知小康之法，
　　據亂之治，猶多：若太平大同之理之義，則傳者寥寥，深慮湮沒而
　　不明不行。此孟子所以隱然自任，而發憤著書也。墜緒茫茫，俛俟
　　後聖，前不見古人，後不見來者，念天地之悠悠，孟子於是哀生民
　　而愴然矣！（《孟子微・闢異第十八》）

他並且以先師朱次琦的話自我勉勵：

　　先師朱京卿曰：「天生人耳目手足與物殊，便當盡人之任。天生我聰
　　明才力過於常人，豈天之私我哉？令我爲斯民計耳。故聖人吉凶與
　　民同患，若自私其才力聰明，則是負天生我之厚恩。故人當以伊尹

> 之任爲法，若其非道非義，天下弗顧，千駟弗視，一介弗取，一介
> 弗與。或遠或近，或去或不去，要皆以仁潔身，要於行堯舜之道，
> 以覺民救民而止。」（《孟子微・總論第一》）

在這心態與身分底下，可以說光緒和孔子都不過是康有爲「救世」的代言人而已：

> 康有爲在自覺忠於光緒的同時，又在某種程度上不自覺地把光緒變
> 成自己的政治工具，正如他曾不覺地把孔學當成自己的政治工具一
> 樣。（鍾賢培：《康有爲思想研究》，頁 111）

光緒二十四年（戊戌），吏部主事洪嘉與草〈駁保國會議〉，到處散佈謠言，說康有爲「將欲爲民主教皇」（《康南海自編年譜》，頁 46），事實上，康有爲的氣勢也給人這種印象。同時就這點而言，康有爲與孟子的「舍我其誰」的氣魄是相契合的。

四、「智」在進化中的地位 ── 以智輔仁

在第三章，第三節「清中葉以後公羊學的發展」中，提到清中葉以後，公羊學發展的重點之一，就是「內外」義的探討。當時公羊學家嘗試泯沒了滿、漢血統上的界限，而以文化上及政治上的角度去面對異族。在《孟子微》中康有爲也表達了這種觀念與胸襟：

> 夷夏之分，即文明野蠻之別。《春秋》之義，夷狄而行中國之道，則
> 中國之，其許楚莊入鄭是也；中國而爲夷狄之行，則夷狄之，衛伐
> 凡伯、晉伐鮮虞是也。惟德是輔，故董子曰：「中國、夷狄無恒，隨
> 變而移。」（《孟子微・闢異第十八》）

康有爲甚至將美國的華盛頓比喻爲中國的堯舜：

> 孔子祖述憲章，以爲後世法程。其生自東西夷，不必其爲中國也；
> 其相去千餘歲，不必同時也；雖跡不同，而與民同樂之意則同。孟
> 子所稱仁心仁政，皆法舜、文王，故此總稱之。後世有華盛頓其人，
> 雖生不必中國，而茍合符舜、文，固聖人所心許也。（《孟子微・總
> 論第一》）

> 觀今各國人皆爭遷往美國，歲增數十萬人，英德極禁之不可得，所
> 謂悅而願歸之，宜其爲天下強也。（《孟子微・仁政第九》）

可見他對美國民主政治制度的推崇。

康有為認為西學即是「智學」、科學，外國之所以強盛就在於「智學之興」：

> 近者洋人智學之興，器藝之奇，地利之闢，日新月異。今海外略地已竟，合而伺我，眞非常之變局也。(〈上清帝第一書〉)

因此，在「百日維新」期間，康有為建議光緒廢除八股取士的制度，以「外求各國科學」：

> 外求各國科學，以研工藝物理政教法律，則爲通方之學。……本經原史，明中通外，猶可救空疏之宿弊，專有用之問學。(〈請廢八股試帖楷法試士改用策論摺〉)

西洋各國的科學爲「通方之學」、「有用之學」。因此，科學乃是中國救亡圖存的重要關鍵。

在《孟子微》中，康有為重智的傾向非常明顯：

> 萬事萬理皆賴於明，未能知，不能行。……無燭而行，勢必顚蹶。「盲人騎瞎馬，夜半臨深池」，以謂冥行者也。(《孟子微·貴恥第十四》)

在中國傳統的思想家中，凡強調「知」先於「行」的，其思想理論都有重知的傾向，康有為也不例外。在《孟子微》中「智」的地位甚至等同於「仁」，康有為心目中的孔子是「仁智兼具」的：

> 先王，孔子也。孔子爲春秋新王。莊子曰：「《春秋》經世，先王之志」；荀子曰：「孔子仁智且不蔽，故治術可以爲先王也」可證。(《孟子微·闢異第十八》)

孟子強調「仁義」並舉，「義」在《孟子》中是一個很重要的德目，但康有為卻不以爲然，「朱子之學在義，故歛之而愈嗇」(《孟子微·同民第十》)。因此，康有為主張「仁智」而反對「仁義」並舉：

> 孔子多言仁智，孟子多言仁義，然禽獸所以異於人者，爲其不智也，故莫急哉！然知而不仁，則不肯下手，如老氏之取巧；仁而不知，則慈悲舍身，如佛氏之眾生平等。二言筦天下之道術矣。孔子之仁，專以愛人類爲主；其智，專以除人害爲先。此孔子大道之筦轄也。(《春秋董氏學卷六·春秋微言大義第六下》)

> 《論語》多以仁智並舉，不以仁義並舉，荀子以仁智並舉，孟子則以仁義並舉矣。(《萬木草堂口說》·孟荀)

康有為反對孟子的「仁義」並舉，他推崇孟子的地方在於「養氣知言，故傳孔子之道」：

> 此明孟子之學術,知言、養氣、不動心,而歸於學孔子、尊孔子。(《孟子微・自序一》)

所謂「知言」:

> 知言者,知類通達,明無不照,學無不通,洞灼顯微,辨窮是非,孔子之四十不惑也。(《孟子微・總論第一》)

> 知言大智也,惟大勇大智,而後能擴充其不忍之心,以保四海,所謂大仁也。蓋孟子之學在仁,而用力則在勇智,學之能事畢矣。(《孟子微・總論第一》)

可見康有爲推崇孟子的不是「義」而是「知」、「知言」。「知言」是一種「大智」的表現,有了「大智」之後,才可能實踐「大仁」,在此說明了「智」的重要,以及仁智的關係——智是仁的前提。「知言」屬於「智」的範疇,至於「養氣」也是「知」的表現,例如他說:「孔子言:『知氣在上,若魂氣則無不知』」(《孟子微・性命第二》)。強調「仁智」而反對「仁義」並舉,就此而言,康有爲實近於荀而遠於孟。這是康有爲註解《孟子》,而明顯與孟子思想不契合處之一。

康有爲所謂的「仁」,其實也就是一種「知覺」的發用:

> 然但生身有先後,故知有先後,而其同有知覺。……人不知斯民同爲天生之同胞,則疏之遠之,視人之肥瘠困苦患難漠不憂心。如知其同出於天,爲大同胞、大同氣、如幼弟然,則愚冥安得不教之?其不被己之友愛,安得不引爲己過?此堯舜之道,伊尹之任,並非過爲也,乃其知覺如此爾。(《孟子微・總論第一》)

> 凡物之有無、是非、得失、從違,皆視其覺。……推之火土諸星之生人,吾地上人漠然無睹,若令能見覺,當亦同此惻傷。自此外而推之諸天,內而推之微生物,莫不皆然。若皆覺其婉轉呼號,知其呻吟痛楚,應皆惻然。故病狂者,雖親喪而言笑自如,無所覺故也。
> (《孟子微・總論第一》)

「仁」是一種「知覺」、「見覺」的發用。人之所以能「愛人」,皆由不忍人之心,見人「婉轉呼號」、「呻吟痛楚」,而大發惻隱之心。可見若無「知覺」、「見覺」,則「仁」將不會發用。因此「仁」的發用必須以「智」爲前提。

仁是進化的原動力。「智」既然幾乎等同於「仁」,那麼「智」在進化中的地位自然很重要。在上文中曾提到「上古人與獸爭」,而「人智則滅獸」,

可見人決勝的關鍵就在於「智」。在人類的進化歷程中，「智」不僅在「上古」產生影響力，就算到了「太平世」仍然有其重要性：

> 至於太平世，眾生如一，必戒殺生。當時物理化學日精，必能制物代肉。則虎豹豺狼之獸久已絕種，所餘皆仁獸美鳥，眾生熙熙，同登春臺矣。佛之戒殺，在孔子太平世必行之道，但佛倡之太早，故未可行。必待太平世，乃普天同樂，眾生同安，人懷慈惠，家止爭殺，然後人人同之也。（《孟子微・總論第一》）

「太平世，眾生如一，必戒殺生」，但戒殺生的理由，不是慈悲，也不是節欲，而是因為「當時物理化學日精，必能制物代肉」。而在上文中也曾提到，康有為預言人類最終將統一於太平世，其理由之一，就在於「汽路電線，縮地有方」。可見「太平世」的來臨，單靠「仁」、「道德」是達不到的，還要借助西學、科學、「智學」的力量，因此，仁雖為進化的方向與指標，但實際上，缺乏了西方的智學、科學，太平世是永遠不會來臨的。這暗示了清末中國問題的解決之道，在於向西方學習。

第四節　三世進化與西方制度的比附

康有為重智，強調西洋的「智學」、科學，因此他的「三世進化」，雖然以中國孔子「仁」的精神為主，但是實際的內容與具體的步驟往往與西方制度相附會，呈現出「中學為體，西學為用」的現象。以下分別就政治、經濟、社會三方面加以歸納探討。

一、政治方面

從道德進化的角度而言，三世進化中，政治進化的標準，仍然是朝著「仁」的方向發展。「文王以百里而興，紂以天下而亡，則仁最強，不仁為最弱」，康有為認為外國之所以強在於「能仁」，西方的強盛原因，主要來自「仁」的發揚：

> 外國之強全在能仁，中國一自私自利之天下，故弱至今日。（《南海師承記卷一・說仁字》）

經由上一節的探討得知，康有為所謂的「仁」，其實是一「知覺」，是「知」的表現，因此「能仁」即「能智」的意思；外國因「能仁」而富強與「洋人

智學之興」而能「海外略地」意義是相同的。在《孟子微》中,他列舉許多清廷因「不仁」而坐致割弱的不幸,如:

> 此明仁不仁之榮辱。人道競爭,天之理也。不仁而般樂怠傲,人將侮之。頃者,萬國交偪,而我猶移海軍鐵路之費以築頤和園,則臺灣、旅順先失矣。日本之小改紀其政,則大國畏之。……某於十年之前上書,言及今變法爲未雨之綢繆,僅可爲之,過是不及,卒至大禍。(《孟子微・仁不仁第七》)

> 此章言不仁之自樂於亡,言之深痛。……近者鳳凰城破,而傳戲稱壽不休;臺灣賠割,而泄沓怠傲如故。此非人之來伐,而己之自割也。古今一轍,不知覆亡之不旋踵也。哀哉!(《孟子微・仁不仁第七》)

或許是因爲受到西洋民主政治思想的影響,所以康有爲雖然以「仁」爲政治標準,但是對於傳統儒家要求人君以德,「子率以正,孰敢不正」的政治思想,卻不表贊同,他將這種觀點歸入「據亂世」:

> 董子曰:「正一身以正朝廷,正朝廷以正百官,正百官以正萬民,故仁義由君始,責難之義也。」此據亂世之說,若平世,則人人仁義,不待專言君矣。(《孟子微・仁義第四》)

> 蓋古者專制,君有全權,一能發明君心,引之志仁尚道,則餘事皆破竹而解。……此爲據亂世專制特言之,若平世有民權,則異是。(《孟子微・貴恥第十四》)

因此,在政治思想方面,康有爲將孟子「民貴君輕」的觀念加以發揚,「行仁政者無敵。孟子開口無非仁政,用心無非在民」(《孟子微・仁政第九》)。他並且從理論上說明民之所貴的原因:

> 民曰庶人,蓋同與天生,君與民皆人也,其道平等。(《孟子微・貴恥第十四》)

> 民者,天所生也;國者,民共立也。民各營其私業,必當有人代執其公事。如一公司之有千萬分,不能不舉一司理人以代理焉。君者,國民之代理人也。代理人以仁養民,以義護民,眾人歸心,乃謂之君。(《孟子微・同民第十》)

> 蓋國之爲國,聚民而成之,天生民而利樂之。民聚則謀公共安全之事,故一切禮樂政法皆以爲民也。但民事眾多,不能人人自爲公共之事,

> 必公舉人任之。所謂君者，……爲衆民之所公舉，即爲衆民之所公用。
> 民者如店肆之東人，君者乃聘雇之司理人耳。民爲主君爲客，民爲主
> 而君爲僕，故民貴而君賤易明也。（《孟子微・總論第一》）

國君與人民都「同爲天生」，基本上是平等的。但因人民衆多，所以必須要有治理者、代理人，國君即爲人民的代理人。故國君充其量不過是人民的「公僕」，所以「民貴而君賤易明也」。

康有爲將政治型態分爲三種：君主集權、君民共主、民主政治：

> 孔子立三世，有撥亂，有升平，有太平。家天下者，莫如文王，……
> 撥亂升平之君主也；公天下者，莫如堯舜，選賢能以禪讓，太平大
> 同之民主也。（《孟子微・總論第一》）

> 孔子先發大夫不世之義，故亂世去大夫，升平去諸侯，太平去天子，
> 此進化次第之理。今法、德、意、西班牙、日本各國，亦由暫削封
> 建而歸於一，亦定於一之義也。（《孟子微・仁不仁第七》）

> 即如今大地中，三法並存，大約據亂世尚君主，升平世尚君民共主，
> 太平世尚民主矣。此孟子偏論三世立主之義。（《孟子微・同民第十》）

政治進化的最後目標是民主政治，因此，進化的現象是民權逐漸增多，相對地，君權逐漸減少。

茲將《孟子微》中所提到的政治制度與理念，製表如下：

	據亂世	升平世	太平世
政治	家天下	家天下	公天下
	文　王	文　王	堯、舜、華盛頓
	封建諸侯	授民權，開議院	民主政治
	去太夫	去諸侯	去天子
	重　刑		
	尚君主	君民共主	民主政治
	議貴之條	犯罪皆同	
	以力服人		以德服人

二、經濟方面

在〈上清帝第二書〉中，康有爲對光緒說：「不揣狂愚，竊爲皇上籌自強

之策，計萬世之安，非變通舊法，無以爲治。變之之法，富國爲先」，可見康有爲非常重視經濟。

經濟進化的精神，在於追求均平、富民的目的：

> 蓋均無貧、安無傾，近美國大倡均貧富產業之說，百年後必行孔子均義，此太平之基哉！（《孟子微‧總論第一》）

康有爲在逃亡的十六年當中，到各國旅遊，對於歐美的富庶，留下深刻的印象：

> 觀今歐美風俗，富者動捨財數千百萬，爲一學堂醫院，或養狂病老年之人。吾游其間，整潔壯麗，飲食衣服，坐起操作，優游皆有法度，國無乞丐，皆由民富致然。吾國人眾而奇貧，飢寒切膚，不顧廉恥，良由上無仁政，又不公權，富民無術而使之然。（《孟子微‧仁政第九》）

歐美的「整潔壯麗」突顯了中國「奇貧」的窘境。而中國之所以貧窮飢寒，在於「富民無術」。康有爲認爲富民之道在於「工賈百技」：

> 易田疇，薄稅斂，食時用禮，此古者以農立國之法，今則兼工賈百技，要其大旨，不外富民。……今美國歲出金銀工技無數，其俗之美而驟進然哉。（《孟子微‧仁政第九》）

> 民之欲富而惡貧，爲開其利源，厚其生計，如農工商礦機器製造之門是也。（《孟子微‧仁不仁第七》）

> 且即平民謀生，亦能兼業，文明愈甚，則分業愈多，野蠻之地，乃多兼業。蓋一人兼業，則業必不精，分業愈多，則業精愈甚，此固資生學所發之公理也。故機器既昌，一針一線之微工，分百數十業，而一人所成物無數，其精亦無數，況一衣乎？又況治天下國家乎？（《孟子微‧闢異第十八》）

在此，他強調工商業的重要，他認爲清末的中國，不應只是偏重農業，應將生產重心漸漸轉移到工商業：

> 古者地荒，以農立國，故專言農事，今則當增工商矣。此皆撥亂之論，今近升平世，亦少異是。補不足，助不給，尊賢養老，則平世不能外者矣。（《孟子微‧王霸第八》）

> 但據亂世人少，專於農田，升平世人繁，兼於工商，然均平之義，

則無論農工商而必行者也。井田什一而藉者，亦孔子先懸農者一影耳。(《孟子微‧總論第一》)

在《孟子微》中，他推崇歐美的「工商大公司」：

> 若以工商大公司爲一封建，則督辦司事即君公士夫，而各工彩即其民也。人執一業，量以授俸，於公司之中，飲食什器衣服備矣，休沐游之，立學教之，選舉升之，力役共之，非一農田之小封建哉？歐美之大農及大製造大商，參於議院，引於宴會，則以諸侯入爲天子大夫矣。備於禮樂，故孔子井田封建之制，施之據亂世而準，推之太平世而準者也。(《孟子微‧總論第一》)

康有爲認爲歐美的大公司制度，就是孔子井田均平精神的發揚。因爲井田制度，具有均平的精神，符合太平大同的主旨，所以在《孟子微》中，康有爲一再推崇井田制度：

> 古者大地未通，有土生財，以農立國，故造平法莫先農田。(《孟子微‧總論第一》)

> 孔子不獨子其子，視民如子，乃創制產授田之法。(《孟子微‧仁政第九》)

> 此孟子告滕文公、齊宣王、梁惠王無他經綸，不出井田一策。誠以平世之義，不忍之政，無以過此者也。(《孟子微‧仁政第九》)

> 不忍之政在仁民，井田是也。孔子之道，……一夫失所，若納於隍，思所以安樂平均之。故創爲井田之制，令人人得百畝之地而耕之，……田產平均，人人無甚富貧，升平之制也。(《孟子微‧總論第一》)

藉由公平的經濟生產，進而建立起一富庶的生活型態。又由於大公司職員眾多，在以「民」爲主的政治進化之下，將逐漸擁有代表性及權力：

> 今大製造廠，及大商貨店，及大農所耕之地，用人多至萬數，德國克虜伯炮廠工人，則至十二萬，塞敦花廠用人則至六萬矣。今百里大國口分不過十六萬：小國則二萬四萬耳，與克虜伯炮廠何異？故一廠之總辦，即君也；幫辦，即卿也；分理，即大夫也；執事諸工，即士也；其等差亦自然之理。既有此大力，故議院必列席焉，此亦諸侯入仕王朝之比矣。故亂世之封建曰國，平世之封建曰公司；亂

> 世之封建以兵力，平世之封建以財力；亂世之封建在據地，平世之
> 封建在聚人。(《孟子微‧政制第十一》)

康有爲進一步預言，將來到了「太平世」時，「則一切皆成爲大公司，但盡屬
於公耳」：

> 有國大公司，皆小民所託以爲食，孔子封建井田之意，固不能廢也。
> 今僅萌芽耳，積久則舉大地盡歸大公司，而成一新封建之世。……
> 然至天下爲公時，則一切皆成爲大公司，但屬於公耳。(《孟子微‧
> 政制第十一》)

最後附帶一提的是由於康有爲重商，故也重利。康有爲重利與孟子「重
義輕利」的觀念是不相符的。在《孟子微》中，康有爲引用《易》、《書》、《大
學》等，說明「利」的必要與重要性：

> 然《易》言：「乾，元亨利貞」，爲四德，又曰「利見大人」，「利涉大
> 川」，「乾始以美利利天下」，「利國前民」。《書》言：「黎民尚亦有利
> 哉」，《大學》：「小人樂其樂而利其利」，何嘗不言利？但《易》所謂
> 利者，義之和也；《書》、《大學》所謂利者，仁以安仁，是即仁義也。
> 仁爲人利，即能我利，義得人和，即得人利。但如此，謂之仁義，不
> 謂之利矣。得其和者，人己之界甚平，無侵無越之謂，所謂不患貧而
> 患不均也，《春秋》所謂名分。子貢曰：「不欲人之加諸我，吾亦欲無
> 加諸人」，義之和也。如此，則利可也。(《孟子微‧仁義第四》)

在此，他將「利」說成是一種「仁義」的表現，可見康有爲所謂的「利」並
不是利己、自私心的表現，而是「義之和也」，一種利己利人的精神。這也是
三世進化的精義。

茲將《孟子微》中所提到的經濟制度與理念，製表如下：

	據亂世	升平世	太平世
經濟	人少，專於農田	人繁，兼於工商	一切皆成爲大公司
		田產平均，人人無甚富貧	均無貧、安無傾
	貢	助	徹

三、社會方面

在《孟子微》中，康有爲的社會思想，有兩個特別突出的觀點。首先，
重視社會福利：

老吾老以及人之老，幼吾幼以及人之幼，孔子老安少懷之道，己立
立人也。(《孟子微·仁政第九》)

施鰥寡孤獨，乃大同之政，人人不獨親其親也。此爲養老、育嬰、
慈幼、卹孤、卹寡、卹廢疾院之始。富人捐助，或國立之，要使民
皆有養而已。(《孟子微·同民第十》)

此明養老之義。……孔子立養老之禮，此蓋太平之制也。太平世不
甚尚爵，於是齒德交尊者，共尊之也。(《孟子微·政制第十一》)

基於「仁及同類」、「己立立人」的精神，康有爲強調、重視對弱勢族群的照
顧。其中提到「養老、育嬰、慈幼、卹孤、卹寡、卹廢疾院」等救濟的機構
的設立。而「富人捐助，或國立之」，可見社會福利制度的完備，必需在政治
與經濟改革之後。

其次，重視民眾的遊憩。例如：

今歐美人主不廢游樂，蓋政律分明，立憲同之，故人主游樂無礙
也。……今各國都邑皆有公園，聚天下鳥獸草木，識其種別，恣民
游觀，以紓民氣，同民樂，甚得孟子之義。(《孟子微·同民第十》)

且太平世遊樂更多，園囿更宜廣大，凡山水佳勝，海島清深之所，
皆可爲公園。大地既一，則推至千數百里可也。升平尚未能推之。
公學校、公圖書館、公博物院、公音樂院、皆與民同者；凡一切藝
業觀遊，足以開見聞，悅神思，便民用者，皆有公地以與民同，此
乃孟子之意。(《孟子微·同民第十》)

今歐美各國，每日必以下午休息，夜間行樂，七日則有休息日，商
旅不行，慶典大節，則有休日，有所行幸。復多爲懂會，以聚樂休
息之。(《孟子微·同民第十》)

至士商農工，航海開山，尋地開河，及有奇藝異器，足以便國民者，
國家皆有補助金，以資其成功。其成也，或取其息，或概與之，臨
時酌定。故其新學大工大農大商，皆藉國力而易成，此皆得休助之
之義。(《孟子微·同民第十》)

這種鼓勵行樂的作法，雖不符合中國傳統嚴謹、勤儉的觀念，但卻是經濟富
裕之後，生活品質提高的必然現象。鼓勵行樂的觀點，與康有爲對「欲」的
看法有關：

宋賢自朱子染於釋氏無欲之說，專以克己，禁一切歌樂之事，其道太戲，近於墨氏，使民情不懌，民氣不昌，非孔子道也。孔子之道，本諸身，人身本有好貨、好色、好樂之欲，聖人不禁，但欲其推以同人。蓋孔子之學在仁，故推之而彌廣；朱子之學在義，故斂之而愈嗇。（《孟子微・同民第十》）

而民情實不能絕也。……不若因一切人情所有者，暢之以樂，節之以禮，既樂民氣，反得平中。（《孟子微・同民第十》）

蓋食色性也，聖人因人道而節文以禮。（《孟子微・政制第十一》）

可見康有爲並不主張「節欲」，乃至於「禁欲」。

除了以上兩點之外，康有爲主張「男女平等」、「自由戀愛」：

東西男女，頗近平等。太平時，人各自立，則有不待媒妁言者。（《孟子微・貴恥第十四》）

這在傳統觀念之中也頗具有前瞻性。

以上是《孟子微》中，康有爲所謂「三世進化之義」的具體內容與基本概念。由以上的探討所得到的結論是，首先，「三世進化之義」是中西思想融合的結果。康有爲以公羊學的「三世」爲架構、以孔子的「仁」爲進化的動力，二者皆來自中國傳統；而進化中「智學」的強調與西方制度的比附，顯然又受到西學的影響。蕭公權說：

錢穆曾說，康氏重詁儒學實際上是「用夷變夏」。此說有其見地。不過必須強調，康氏含蓄地附和西方思想並非要西化，而是認爲中西有共通之處。……天下的觀念即有普及的意思。……作爲社會思想家，也就只講究制度和價值是否符合共同標準，而不必論本國或外國了。（《康有爲思想研究》，頁 391）

康有爲將西方優秀的制度與精神，全列入進化的步驟之中，可見康有爲對於西方制度的嚮往。在此，康有爲的創意，在於他發現西方制度發展之理，所謂「趨於平」的精神和孔子的「仁」、孟子的「民本」精神，基本上是可以相通的。由於有此一中西共通之處，使得康有爲得以發展出一套「中西融合」的進化論。

其次，康有爲「融合中西」的目的，在於將西方優異的學術與制度「託古」給孔子。例如：

禮即孔子所制之禮也。至親本以期斷，三年之喪，孔子所加隆也。

古者喪期無數，宰我問期已可矣，大約周時用期，今歐洲、日本皆然。（《孟子微・孝弟第六》）

此孟子立民主之制，太平法也。……眾民所歸，乃舉爲民主，如美、法之總統。然總統得任群官，群官得任庶僚，所謂「得乎丘民爲天子，得乎天子爲諸侯，得乎諸侯爲大夫」也。今法、美、瑞士及南美各國皆行之。（《孟子微・總論第一》）

孔子之制，皆爲實事。如建子爲正月，白統尚白，則朝服首服皆白，今歐美各國從之；建丑則俄羅斯、回教從之。明堂之制……，則歐美宮室從之。衣長後衽，則歐洲各國之禮服從之。日分或中半，……泰西以日午爲分，亦三之類推也。（《孟子微・仁政第九》）

孔子的「仁」是人類進化的原理，而西方制度也是孔子所制作，屬於「仁」的發用。這種說法使得面臨西方文化衝擊之下的清末傳統文人，能夠依然保有心態的優勢與自信，進而包容西方外族，學習西方制度。

第六章 《孟子微》中三世進化的「因時觀」

　　康有爲的「三世進化」，爲一套變法的理論與人類進化的規劃，有一定的實行步驟。所謂「因時觀」，就是依照三世進化的順序「因時制宜」：

> 夫言皆有爲，藥必因病，如裘葛制之，因冬夏而衣之。無以據亂說爲
> 升平說，則不能進化，而將退於野蠻。又無以太平說爲據亂，誤施之，
> 則躐等而行，將至大亂。蓋舟不能行陸，車不能行水，葛不能履九月
> 之霜，裘不能披五月之夏，童子不能待以成人之禮，壯者不能爲襁褓
> 之衣，故曰時哉，通其變，使民不倦。(《孟子微·孝弟第六》)

「無以據亂說爲升平說，則不能進化，而將退於野蠻，又無以太平說爲據亂，誤施之，則躐等而行，將至大亂」，這就是康有爲的「因時觀」。

　　本章第一節首先探討中國的定位問題。將中國在「三世」定位，才能「因時制宜」而依序進化；第二節正式進入主題，探討康有爲的「因時觀」。康有爲既然將清末的中國定位在「三世」中的「據亂世」，依據「因時」的觀念，中國應爲進入「升平世」作準備，而實施「君主立憲」。因此，他反對停留在「據亂世」的君主集權，同時也不贊成「躐等」至「太平世」民主政治，這也就是康有爲備受批評的地方。甚至在革命成功，民國成立之後，他參與張勳的復辟運動，企圖建立君主立憲政體。於是康有爲成了政治潮流中「落伍」的代表。例如鍾賢培說：

> 1923 年 3 月 31 日，康有爲逝於青島寓所，結束了他矢志救國、獻
> 身改革，但因固守舊見而終落伍於時代的一生。(《康有爲思想研
> 究》，頁 35)

康有爲堅持君主立憲與他的「因時觀」有很大的關係；最後一節則探討「三

世」模式的「繁化」與「簡化」。「三世」的模式不論「繁化」或「簡化」，康有為強調仍然「因時」而行，故一併列入本章進行探討。

第一節　中國在「三世」的定位問題

提出了「三世說」之後，最重要的一件事，那就是該為清末的中國定位在哪一「世」？因為一旦定位之後，才能根據它在「三世」中所居的地位，提出進化的目標和方策。

「三世」之中的「太平世」是進化的最後目標，清末的中國當然不是。那麼剩下「據亂世」和「升平世」。如果將當時的中國說成「據亂世」，這顯然是對清朝政府的全盤否定。因此既不能將清末中國定位在「太平世」，又不能選取「據亂世」，那麼採用「升平世」自是唯一的選擇了。將清末的中國定位在「升平世」是清末公羊學者在戊戌變法以前的共同看法，康有為也不例外。例如他在〈請尊孔聖為國教，立教部教會，以孔子紀年而廢淫祀摺〉〔註1〕中就提到：

> 古者尊卑過分，故殊其祀典，以為禮秩，豈所論於今升平之世哉？
> 蓋孔子立天下義，立宗族義，而今則純為國民義。此則禮律不能無
> 少異，所謂時也。孔子自有平世之義，……若蓋以據亂舊道繩人，
> 則時義事勢不能行。

但是隨著變法失敗，流亡海外之後。康有為改變了中國處於「升平世」的看法，放棄了原先樂觀的態度，**觀念轉趨保守**，遂將中國從「升平世」的定位，降到了「據亂世」：

> 中國輕視董、何之說，不知為孔子微，言甚且怪之，無人傳習。中
> 國之治教，遂以據亂終，絕流斷港，無由入於升平太平之域。(《春
> 秋筆削大義微言考》，頁19)

> 蓋歐洲各國皆有議院行政，君主非專制，無責任，故可肆意遊觀：
> 其政體與中國相反，故行事亦與中國相反，而得其宜。……知中國
> 與今歐洲之異，即可知據亂與升平之異。(同上，頁249)

〔註 1〕此摺上於戊戌六月。

第二節　因時觀

在《孟子微》中，康有為將清末的中國定位在「據亂世」的地位：

> 古者地荒，以農立國，故專言農事，今則當增工商矣。此皆撥亂之
> 論，今近升平世，亦少異是。(《孟子微·王霸第八》)

> 今近平世，大工大商大農，各公司規模之大，條理之詳，體制之備，
> 與封建之一國無異。(《孟子微·仁政第九》)

> 今刑差輕，然尚為亂世之制。若歐、美、英已除縲首刑，且改為永
> 監制，皆孟子省刑罰之意。(《孟子微·仁政第九》)

基於這個理由，當前的中國，尤其在政治方面，必須變法，放棄「據亂世」
的君主集權，以進化到「升平世」為努力的目標，實施君主立憲：

> 此孟子特明升平授民權、開議院之制，蓋今之立憲體，君民共主法
> 也，今英、德、奧、意、葡、比、荷、日本皆行之。……然斟酌於
> 君民之間，升平之善制也。(《孟子微·總論第一》)

> 譬之今當升平之時，應發自主自立之義，公議立憲之事，若不改法
> 則大亂生。(《中庸注》「王天下有三重焉」條下注)

因此，康有為強調君主在清末變法中的重要性：

> 據亂世，民智未開，世猶幼稚，故賴君保抱提持，為父母焉。(《孟
> 子微·仁政第九》)

君主之所以重要，康有為的理由是因為中國仍處於「據亂世」、「民智未開」，
所以還必須倚賴君主「保抱提持」以「開民智」。

在「百日維新」失敗之後，康有為逃亡到日本與梁啓超等會合，並著手
進行營救光緒、挽救維新事業的活動。梁啓超主持的《清議報》在日本橫濱
創辦，報上披露政變經過，揭露后黨陰謀，宣傳光緒聖德，以爭取社會輿論
的支持。康有為經此變故，與當權派處於敵對狀態，所以《清議報》「明目張
膽以攻擊政府」(梁啓超：《飲冰室合集·文集》(29)，頁 2)，言論比政變前
激烈得多。這時康有為對光緒仍存在許多憧憬，以為只要推翻后黨，救出光
緒，中國就有希望了，所以《清議報》又著力於宣傳尊皇。

光緒二十五年四月。康有為離開日本赴加拿大、英國等地。他想策動英
國政府干涉中國內政，扶助光緒重新掌權。但未獲英議院多數票通過。於是
六月，返回加拿大，到了加拿大之後，與李福基、馮秀石等集議。創立「保

商會」，但因華僑十九爲商，故保商即爲保僑，亦即團結華僑以愛衛祖國之會。不久有人建議保皇乃可保國，於是易名爲「保皇會」。康有爲並指派梁啓超到檀香山辦理保皇會事宜，進行宣傳。保皇會發展很快，「會員至百餘人，爲中國未有之大政黨」。康有爲打著「保皇救主」的旗幟，在海外召集了廣大華僑，又開展了一場頗有聲勢的維新救亡運動。

康有爲一連串「保皇」的努力，雖然與光緒皇帝的知遇之恩有關，但同時也是因爲康有爲認爲「三世進化」必需「因時」而行。他深信只要光緒復位，仿照日本實施君主立憲，「三年而宏規成，五年而條理備，八年而成效舉，十年而霸圖定矣！」〔註2〕

康有爲認爲由光緒皇帝來主持君主立憲，是清末中國唯一的選擇也是最爲「因時」的作法。因此，他不但反對君主集權，同時也不贊成「躐等」，實施「太平世」的民主政治，理由是因爲「未至其時」：

> 凡世有進化，仁有軌道，世之仁有大小，即軌道大小，未至其時，不可強爲。孔子非不欲在撥亂之世遽行平等、大同、戒殺之義，而實不能強也。可行者乃謂之道，故立此三等以待世之進化焉。(《孟子微・總論第一》)

> 平世、撥亂、小康、大同皆大道所兼有，若其行之，惟其時宜。……苟非其時而妄行之，享鐘鼓於爰居，被黼繡於猿猱，則悲憂眩視，亦未見其可也。故誠當亂世，而以大同平世之道行也，亦徒致亂而已。(《孟子微・自序一》)

對康有爲而言，他不認爲清末中國適合民主政治的發展。中國必須先經由「升平世」的君主立憲之後，才可以實施「太平世」的民主政治，否則「亂世，而以大同平世之道行之，亦徒致亂而已」！因此，他對清末的民主革命運動思潮提出警告：

> 故獨立自由之風，平等自主之義，立憲民主之法，孔子懷之待之平世，而未能遽爲亂世發也。以亂世民智未開，必當代君子主治之，家長育之，否則團體不固，民生難成。未至平世之故，而遽欲去君主，是爭亂相尋，至國種夷滅而已。(《孟子微・總論第一》)

康有爲逃亡到日本時。當時正在東京從事革命活動的孫中山、陳少白得

〔註2〕可參考第二章，第三節。

知之後，以「同屬迸客，特親往慰問，並商量今後合作問題」（馮自由：《中華民國開國前革命史》上編，頁 41）。康有爲自忖地位與孫中山不同，畢竟自己是經過光緒「衣帶密詔」的，如果今日與革命黨往還，蒙了叛逆之名，對於以後的活動不利，「故托事不見」，拒絕和革命黨合作。其後經犬養毅（1855～1932）從中斡旋，約在其早稻田寓所安排孫、陳與康、梁會談，商討合作辦法。屆時康有爲不到會只派梁啓超爲代表。孫、陳、梁三人各抒己見，直談到次日天亮始散。但終因康有爲未到場，談不出結果來。孫中山復派陳少白往訪，少白反覆申辯三小時，認爲非推翻清政府無以救中國，「請康改弦易轍，共同實行革命大業」。但被康有爲拒絕：「今上聖明，必有復辟之一日。余受恩深重，無論如何不能忘記。惟有鞠躬盡瘁，力謀起兵勤王，脫其禁錮瀛台之厄，其他非余所知，只知多裘夏葛而已。」可見康有爲對於光緒皇帝還抱著希望，他並不想和革命黨合作。

康有爲離開日本後，以梁啓超爲首的青年維新派努力學習日文，藉由日文接觸了較多的西方思想，對清政府的不滿日益增長，兼與革命黨往還日密，漸有贊成革命的傾向，進而與革命黨磋商合作，擬定合作後，以孫中山爲會長、梁啓超爲副會長。爲此梁起草了一份〈上南海先生書〉，其中提到：

> 國事敗壞至此，非庶政公開，改造共和政體，不能挽救危局。今上
> 賢明，舉國共悉，將來革命成功之日，倘民心愛戴，亦可舉爲總統。
> 吾師春秋已高，大可息影林泉，自娛晚景。啓超等自當繼往開來，
> 以報師恩。（馮自由：《革命逸史》二集，頁 29）

康有爲在新加坡接到這封「勸退書」，大怒。爲了要控制梁啓超的思想與行動，他立刻派人攜款赴日，指令梁啓超到檀香山辦理保皇會事宜，不許稽延。

在庚子事變之後，很多愛國志士對清政府更加失望，開始傾向革命。康有爲的弟子中，有不少受到革命思想的影響，也認爲只有用激烈的手段推翻清廷，才能實現救國和改革社會的目的。其中梁啓超更是激奮，高唱革命排滿。當時南北美洲有些保皇會的華商寫信給康有爲，說道：

> 義和團事已半年，而西后、榮祿仍握大權，內地紛紛加稅，民不聊
> 生，保皇會備極忠義而政府改以爲逆黨，事勢如此，不如以鐵血行
> 之。效華盛頓革命自立，或可以保國保民。（康文佩編：《南海康先
> 生年譜續篇》，頁 27）

康有爲聽到這些言論，大不以爲然。他爲了防止革命傾向的增長，穩住保皇

的陣腳，特地寫了兩封長信，專門討論革命自立問題。一封是〈答南北美洲諸華商論中國只可行立憲不可以行革命書〉，另一則是〈與同學諸子梁啓超等論印度亡國由於各省自立書〉。兩書列舉了許多反對革命自立的理由，認爲以革命獲得成功，只有法國一國，同時這在歐洲而言，乃爲一特殊現象，而且革命之後國內還發生大亂。又說凡物合則大，分則小，合則強，分則弱。印度各省自立，不數十年而全滅，就是前車之鑒。總之，革命自立是「求速滅亡」，因此中國的當務之急，不是革命，而是靠光緒「用專制之權變法，乃今最適時之靈藥」。他告誡保皇會成員「無誤於異論，無鼓動於浮言，無惑亂於小變」，責備梁啓超「倡謬說以毒天下」，並宣稱自己「以死守此義」。這也就是爲什麼在《孟子微》中，康有爲會一再強調三世進化要「因時」而行。

在《日本書目志》一書中，康有爲將日本由西方引入的學問分成十五門類，逐一加以探討。由康有爲的評述之中，可以見出他的認識不特不膚淺，甚且相當把握住重點，再加上康有爲對政治研究的投入與心得，因此，康有爲主張君主立憲，必然有一定的道理。而事實上，君主立憲在日本是成功了，但爲什麼在中國的戊戌變法中卻失敗了呢？關於這一點，蕭公權說：

> 兩國最不相同的是：明治維新爲一個基本上健全的行政體制而注入了新觀點和新力量，戊戌變法時滿洲統治的中國則已因內在的衰弱而趨於死亡。……唯有西力東來不恰逢中國衰弱之世，如在康熙和雍正的時代，其結果才會不同。（《康有爲思想研究》，頁 323～324）

第三節　三世模式的「繁複」與「簡化」

在前面第三章中提到，「三世」的發展在龔自珍、廖平等人時，就有「繁複化」的現象。例如龔自珍的「洪範八政配三世，八政又各有三世」、「萬物一而立、再而反、三而如初」、「一匏三變，一棗三變，一棗核亦三變」；廖平的「細變無慮數十，大異約分爲九，所見三異，所聞三異，所傳聞三異」。將「三世」「繁複化」的理由是因爲簡單的「三世」，無法涵蓋並詮釋萬事、萬物。並非所有的事物都具有「三」個層級，有可能少於「三」，或是「三」的倍數。例如，在上一章第四節，探討「三世進化與西學的關係」。在政治方面，有「君主集權」、「君主立憲」、「民主政治」三種型態與「三世」相比附；經濟方面，則只有「重農」、「重商」兩大區別；至於社會方面，則只是「均平」

概念的運用而已，沒有一套「三世」的具體制度，當然也無法以「三世」加以劃分。因此，將「三世」模式，加以「繁化」或「簡化」，將使得「三世」理論在運用上更具有彈性空間。

一、三世的「繁複」

關於「三世」模式的「繁複化」，康有為說：

> 孔子之仁，亦推於諸星諸天而無窮。孟子先發親親、仁民、愛物三等之凡例於此，其餘學者可推之，自內以及外，至於無窮無量數焉可也！（《孟子微‧總論第一》）

人類社會進化的動力在「仁」，而以「仁」發用的廣遠，可分為「親親、仁民、愛物」，分別為「三世進化」的指導原則。但這只是「凡例」，還可以「自內及外」地細分：

> 一世之中有三世，故可推為九世，又可推為八十一世，以至於無窮。（《孟子微‧總論第一》）

「一世之中有三世」，也就是「同一進化階段中，有三地點同時在因時進化」。

> 蓋嘗論之，以古今之世言之，有據亂、升平、太平之殊，不可少易；而以大地之世言之，則亦有撥亂、升平、太平之殊，不可去一也。（《中庸注》，「萬物並育而不相害，道並行而不相悖」條）

原本單純的「三世」，是「古今」、「時間」的進化方向，而繁複化之後的「三世」，加入了「大地」、「空間」的進化方向。於是「三世」所包含的範圍，可以由「線」而擴展至「面」。「三世」模式經「繁複」之後，就可以將同一「時間」而不同「空間」中的各個民族、人種，都包含在「三世」之中。例如：

> 即以今世推之，中國之苗猺黎狪，南洋之巫來由吉寧人，非洲之黑人，美洲之煙剪人，今據亂世之據亂矣；印度、土耳其、波斯頗有禮教政治，可謂據亂之升平矣；若美國之人人自主，可謂據亂之太平矣。（同上）

這就證明了「孔子之道甚大，制作甚繁」，能將所有人種、民族包含在「三世」之中。每個民族都能在「三世」的系統中，找到自己的「定位」，並依循著「據亂——升平——太平」的順序，「因時進化」：

> 今治苗猺黎狪，非洲黑人之法，必設以酋長，別其男女，教之讀書，粗定法律，嚴其爭殺，導之禮讓斯可矣。若遽行美國之法，則躐等

而殺爭必多，待進化至於印度、波斯，乃可進變於美國也。太平與
據亂相近而實遠，據亂與升平相反而實近，而美國風俗之弊壞，宜
改良進化者，其道固多。（《中庸注》，「萬物並育而不相害，道並行
而不相悖」條）

　　康有爲將「三世」「繁複化」的好處，除了可以使「三世」模式在事物的
對應上，有更大的彈性空間，進而證明孔子「三世之制」可以因應複雜的環
境之外；其次，也可以使得公羊家在註經上取得方便。因爲「三世」是公羊
學的概念，而《春秋》不過是五經之一，雖然公羊家認爲《六經》皆孔子所
作，而因此《六經》思想主旨可以相通，但這畢竟只是公羊家的說法。一旦
以公羊思想詮釋儒家其他經典，必有其差異性存在。因此，「三世」只要保留
進化的主旨——仁的精神，至於「形式」則可以稍作調整以求融通，甚至互
相參證。如《中庸》「王天下有三重焉，其寡過矣乎」，康有爲註解爲：

　　王，往也；天下所歸往謂之王，如孔子也。孔子世，爲下所往者，
　　有三重之道焉。重，復也。……三重者，三世之統也；有撥亂世，
　　有升平世。……展轉三重，可至無量數，以待世運之變，而爲化之
　　法。此孔子制作所以大也。……孔子之法，務在因時。（《中庸注》，
　　「王天下有三重焉」條）

既然在《中庸》的「王天下有三重焉」，康有爲可以將三世加以「繁複」，那
麼在《孟子》「禹、稷當平世，……顏子當亂世」的經文之下，當然也可以「簡
化」爲「平世」與「亂世」；甚至將此二世與《禮運》的「大同」、「小康」相
比附。

二、「三世」的簡化

　　在《孟子》「禹、稷當平世，……顏子當亂世，……禹稷顏回同道，……
易地則皆然」。康有爲註解說：

　　《春秋》要旨分三科：據亂世、升平世、太平世，以爲進化，《公羊》
　　最明。孟子傳《春秋》公羊學，故有平世、亂世之義。（《孟子微·
　　總論第一》）

在此，康有爲將「三世」簡化爲「平世」與「亂世」，他將「升平」和「太平」
合稱爲「平世」而與「亂世」對稱。「二世」的觀念在《孟子微》中使用地非
常多，如：

平世曰平，亂世曰治。（《孟子微・闢異第十八》）

蓋言性惡者，亂世之法，不得不因人欲而治之，故其法檢制壓伏爲多，荀子之說是也。言性善者，平世之法，令人人皆有平等自立，故其法進化向上爲多，孟子之說是也。（《孟子微・總論第一》）

或謂天演人以競爭，安能去利心？不知競爭於仁義亦爭也。若必懷利心是亂世與平世之所由異，而太平終無可望之日矣。（《孟子微・仁義第四》）

故不爲匹夫興師者，據亂之義也。爲一童子復仇，平世之理也。（《孟子微・仁政第九》）

但是值得注意的是康有爲使用「平世」一辭時，有時偏重「升平世」，如「平世，故尤以稱法堯舜爲主」，有時則又偏重「太平世」，如「亂世野蠻有君主之法，不如平世文明無君主之治法」。

「三世」的架構簡化爲「平世」與「亂世」；而「親親、仁民、愛物」的綱領，也隨之合併爲「親親」、「仁民（愛物）」：

禹稷當平世，視人溺猶己溺，人飢猶己飢，人人平等，愛人若己，故平世之仁廣遠，不獨親親矣。顏子當亂世，鄉鄰有鬥亦閉戶，惟被髮而救同室，故知亂世但親親。其時不同，故其理亦不同也。（《孟子微・總論第一》）

亂世各親其親，各私其國，只同閉關自守。平世四海兄弟，萬物同體，故宜飢溺爲懷。亂世主於別，平世主於同。亂世近於私，平世近於公。亂世近於塞，平世近於通，此其大別也。孔子豈不欲即至平世哉？而時有未可，治難躐級也。（《孟子微・總論第一》）

由以上引文也看出可見「二世」在觀念上是對立的，所謂「亂世主於別，平世主於同。亂世近於私，平世近於公。亂世近於塞，平世近於通」；又「時有未可，治難躐級」、「其時不同，故其理亦不同」、「然聖賢處之各因其時，各有其宜，實無可何」，「二世」在實施上還是要遵守「因時」的原則。

「二世」的分法，除了「亂世」與「平世」之外，還有「大同」與「小康」的分法。這兩個觀念來自《禮記・禮運》篇：

〈禮運〉記孔子發大同、小康之義，大同即平世也，小康即亂世也。（《孟子微・總論第一》）

《春秋》三世，亦可分爲二。孔子託堯舜爲民主大同之世，故以禹
稷爲平世，以禹、湯、文、武、周公爲小康君主之世，故以顏子爲
亂世者，通其意，不必泥也。（《孟子微·總論第一》）

故言父子之義，平世不獨親其親，子其子；亂世則各親其親。各子
其子。言夫婦，平世則……，亂世則……；言君臣，……；言兄
弟，……；言貨力，……凡此，道皆相反，而堯、舜大同，禹、湯、
文、武小康，亦易地皆然也。（《孟子微·總論第一》）

「大同即平世也，小康即亂世也」，在《孟子微》中，康有爲又將〈禮運〉與
《孟子》的「二世」加以結合、比附。茲將《春秋》「三世」、《孟子》「二世」、
〈禮運〉「二世」，比對製表如下：

《春秋》三世	《孟子》「亂世」、「平世」	〈禮運〉「小康」、「大同」
據亂世（親親）	亂世（主私），如顏子	小康（如禹、湯、文、武、周公）
升平世（仁民）	平世（主同），如禹稷	大同（忘乎人己），如堯舜
太平世（愛物）		

由比對的結果，可以發現有一矛盾之處，那就是「禹」既歸爲「平世」
又歸爲「小康」；又康有爲說「小康即亂世也」，可是梁啓超卻說：

有爲以《春秋》「三世」之義說〈禮運〉，謂「升平世」爲「小康」，
「太平世」爲「大同」。（《清代學術概論》，頁132）

關於這兩個矛盾之處，只能以康有爲的「通其意，不必泥」加以解釋。大抵
而言「大同」與「小康」正如「平世」與「亂世」一樣，在觀念上是一組「相
對」的說法。由此也可以看出，不同經典之間有其差異存在，任意比附、強
說牽合，有時不免會有矛盾產生，乃至於不能自圓其說。

在《孟子微》中，康有爲常將「太平世」與「大同」合稱爲「太平大同」。
並以《禮記·禮運》的「大同思想」，做爲「太平世」的具體描寫。例如：

施鰥寡孤獨，乃大同之政，人人不獨親其親。此爲養老、育嬰、慈
幼、卹孤、卹寡、卹廢疾院之始。富人捐助，或國立之，要使民皆
有養而已。質舉其義，一切與民同而已。其本原，不過推斯心加諸
彼，擴充其不忍之心，其治效遂爲大同太平之治。（《孟子微·同民
第十》）

雖然說在康有爲之前的公羊家如宋翔鳳就開始注意〈禮運〉篇，但是到了康

有爲才將其大加發揚。主要的原因在於〈禮運〉的「大同思想」，以「天下爲公」、「選賢與能」與西方制度的精神暗合，同時又與《論語》「均無貧、和無寡、安無傾」、《孟子》「井田制度」等的均平精神相合。也由於這種「契合」使得康有爲讀到〈禮運〉時「浩然而嘆」：

> 孔子三世之變，大道之眞，在是矣；大同小康之道，發之明而別之精，古今進化之故，神聖憫世之深，在是矣。……是書也，孔氏之微言眞傳，萬國之無上寶典，而天下群生之起死神方哉！（《禮運注·敘》）

〈禮運〉的「大同思想」可以說爲康有爲提供了一個現成的、具有中國傳統思想特色的「太平世」架構。

最後，「孔子之道，務在因時」，〈禮運〉的「大同」、「小康」與《孟子》的「二世」在施行上都必須遵守「因時」的原則：

> 夫本末精粗，平世、撥亂，小康、大同，皆大道所兼有，若其行之，惟其時宜。（《孟子微·自序一》）

以上是康有爲對公羊「三世」模式的「繁化」與「簡化」。有學者認爲「繁複三世」與「二世模式」，尤其是後者，與康有爲反對民主革命的「保守性格」相呼應：

> 「二世」模式……，它代表著理想界「平世」與現實界「亂世」中斷層的正面浮現。……於是演變成「平世」理想越來越高遠，而「亂世」手段越來越保守的局面。（孫春在：《清末的公羊思想》，頁208）

針對這種說法，筆者認爲應該有所保留。首先，所謂「斷層」不僅「二世」模式，「繁複化」的「三世」，也可以能因爲「無限地繁複」而造成無法到達的距離，這也可以視爲「斷層」；其次，康有爲的「三世進化」，其中所謂的「進化」，即含有向西方學習迎頭趕上的意義，「簡化」或「繁複」後的「三世」，依然保有此種特質。既有這個「向西方學習」的特質，焉能以「保守」名之。因此，筆者認爲「三世」的「簡化」或「繁複」是「三世」模式的變化與運用，其主要的目的是爲彌補「單純三世」的不足，使得「三世」的思想理論更具有應變的彈性。

第七章　《孟子微》的「人性論」

　　人性論在孟子的學說中，佔有重要地位，而「性善說」更是《孟子》思想的基礎。在《孟子微》中，康有爲將「性命」獨立爲一篇，可見他也很重視對人性的探討。在《孟子微·性命第二》中，康有爲大量引用董仲舒《春秋繁露》、王充《論衡》等對人性的觀點。康有爲大致肯定二人的觀點，同時也以此爲基礎，融合各家的看法，發明了「魂魄說」。形成一個頗具特色的人性論。

　　康有爲的人性論，基本上以董仲舒爲主，進而調合各家而成的。因此，本章第一節，首先探討康有爲人性論的思想淵源，也就是董仲舒和王充等人的人性觀點；第二節接著探討康有爲對人性的定義；第三節介紹康有爲的「魂魄說」；最後一節則探討人性論與三世說的關係。分析康有爲是如何以人性論來支持、印證其三世思想。

第一節　思想淵源——董仲舒、王充的人性論

　　對於孟子「性善」的說法，董仲舒說：「吾質於命性者，異孟子」，王充也說：「孟子之言，未爲實也」，他們都不贊同孟子的看法。雖然如此，但是在《孟子微·性命》篇中，康有爲卻大量引用董仲舒與王充的看法。以下就《孟子微》中董仲舒與王充的人性觀點作一歸納整理。

一、《孟子微》中董仲舒的人性論

　　關於董仲舒的人性論，即所謂「自然人性論」。他認爲人有「善質」、「善

端」，但這些都是「隱微的」，充其量只能說人有「向善的本能」，但是不能因此就直接稱爲「善人」：

> 《春秋繁露‧深察名號》篇曰：「或曰：性有善端，心有善質，尚安非善應之曰；非也有繼有性有善端，動之愛父母，善於禽獸，謂之善，此孟子之言循三綱五紀，通八理，忠信而博愛，敦厚而好禮，乃可，此聖人之善也。是故孔子曰「善人吾不得而見之，得見有恒者斯可矣」，由是觀之，聖人之所謂善，亦未易當也。善於禽獸則謂之善也，使動其端善，善奚爲弗見也？夫善於禽獸之未得爲善也，猶知於草木而不得名知，於萬民之性善於禽獸而不得名善。（《孟子微‧性命第二》）

「孔子曰善人吾不得而見之」、「質於禽獸之性，則萬民之性善矣；質於人道之善，則民性弗及也」（《孟子微‧性命第二》），在此他將「善」的地位提高，拉開了「性」與「善」的距離。若以「潛能」與「實現」的觀念而言：「善」充其量不過是「性」的「潛能」；至於「性」要「實現」，「性」與「善」的距離要縮短，甚至結合，則有待於「王教」的促成：

> 今謂性已善，不幾於無教而如其自然？又不順於爲政之道矣。……善如米，性如禾。禾雖出米，而禾未可謂米也；性雖出善，而性未可謂善也。米與善，人之繼天而成外也，非在天所爲之內也，天所爲，有所至而止。止之內謂之天，止之外謂之王教。……故曰性有善質，而未能爲善也。……以米爲飯，以性爲善，此皆聖人所繼天而進也，非情性質樸之能至也，故不可謂性。（《孟子微‧性命第二》）
> 善，教誨之所然也，非質樸之能致也，故不謂性。性者，宜知名矣，無所待而起，生而所自有也。……性者，天質之樸也；善者，王教之化也。無其質，則王教不能化；無其王教，則質樸不能善。（《孟子微‧性命第二》）

董仲舒舉「善如米，性如禾」的例子，說明人性來自天生而「質樸」自然，人受之於天的只是「善質」、「善端」，「聖人」、「王教」則「繼天而進」，使人而善，故「性雖出善，而性未可謂善也」，「性」是「天質之樸也」，天生自然；「善」是「王教之化也」，聖人「教誨之所然也」。

董仲舒又將人性分爲三等，所謂「聖人之性、中人之性、斗筲之性」：

> 聖人之性不可以名性，斗筲之性又不可以名性，名性，中民之性，

中善民之性如繭如卵，卵待復二十日而後能爲雛，繭待繰以涫湯而
後能爲絲，性待漸於教訓而後能爲善。(《孟子微‧性命第二》)

人性的分級中，上、下二等不可變易，只有「中民之性」「天質之樸」，而待
「王教之化」。因此，上一段所提到的人性，「天質之樸也」待「王教之化也」
是就「中人」而言。

二、《孟子微》中王充的人性論

《孟子微》中引王充《論衡》的〈本性篇〉。此篇是論人性的專著，蒐集
前人對人性的看法，並加以評論。其中提到的人物及其觀點有：

(一)世碩、宓子賤、漆雕開、公孫尼子

王充認爲這四人對人性的觀點是相同的，皆認爲「人性有善有惡，舉人
之善性養而致之則善長，性惡養而致之則惡長」：

周人世碩，以爲人性有善有惡，舉人之善性養而致之則善長，性惡
養而致之則惡長。如此，則性各有陰陽，善惡在所養焉。故世子作
〈養書〉一篇。宓子賤、漆雕開、公孫尼子亦論情性，與世子相出
入，皆言性有善惡。(《孟子微‧性命第二》)

他們認人性天生就有善有惡，善惡正如「陰陽」一樣，皆存於一人之中。人
長大之後是否爲善，皆視其所「養」。他們對於人性，著重在後天環境的「教
養」上。

(二)孟　子

王充提到孟子的「性善」，孟子主張「人性皆善」，認爲人不善的原因，
在於環境的影響，所謂「物亂之也」：

孟子作〈性善〉之篇，以爲人性皆善，及其不善，物亂之也。謂人
生於天地，皆稟善性，長大與物交接者，放縱悖亂，不善日以生矣。
(《孟子微‧性命第二》)

王充不同意孟子性善的說法，他舉紂、羊舌食我爲例：

微子曰：「我舊云孩子，王子不出。」紂爲孩子之時，微子睹其不善
之性，性惡不出眾庶，長大爲亂不變，故云也。羊舌食我初生之時，
叔姬視之，及堂，聞其啼聲而還，曰：「其聲，豺狼之聲也。野心無
親，非是莫滅羊舌氏。」遂不肯見。及長，祁勝爲亂，食我與焉，

國人殺食我，羊舌氏由是滅矣。紂之惡在孩子之時，食我之亂見始
生之聲，孩子始生，未與物接，誰令悖者？（《孟子微・性命第二》）

紂、羊舌食我初生時，就有「不善之性」，所以「長大爲亂不變」。二人在出
生時「未與物接」就有不善的徵兆。可見的不善並非如孟子所說的「長大與
物交接者，放縱悖亂，不善日以生矣」。王充爲了證明性惡天生，不受環境影
響，又舉丹朱、商均爲例：

丹朱生於唐宮，商均生於虞室。唐虞之時，可比屋而封，所與接者
必多善矣，二帝之傍，必多賢矣。然而丹朱傲，商均虐，並失帝統，
歷世爲戒。且孟子相人以眸子焉，心清而眸子瞭，心濁而眸子眊。
人生目輒眊瞭，稟之於天，不同氣也。非幼小之時瞭，長大與人接，
乃更眊也。性本自然，善惡有質，孟子之言，未爲實也。（《孟子微・
性命第二》）

紂、羊舌食我的性惡爲天生，不受環境的影響而爲善。如果環境眞能改變善
惡的本性，那麼丹朱、商均，生於「唐虞之時，可比屋而封，所與接者必多
善矣，二帝之傍，必多賢矣」，爲什麼二人會「並失帝統，歷世爲戒」呢？可
見「善」的環境並不能改變「惡」的本性。何況孟子自己曾說「相人以眸子」，
眸子天生有「瞭」、「眊」之分，不爲環境所改變，人性亦然。因此王充認爲
「孟子之言，未爲實也。」

（三）告　子

告子對人性看法，主張「性無善惡之分。譬之湍水，決之東則東，決之
西則西」：

告子與孟子同時，其論性，無善惡之分。譬之湍水，決之東則東，
決之西則西；夫水無分於東西，猶人無分於善惡也。夫告子之言，
謂人之性與水同也。（《孟子微・性命第二》）

王充基本上同意告子的看法，但是所謂人性「無善惡之分」，乃就「中人」而
言，至於「上智」與「下愚」，「極善」與「極惡」，「聖化賢教，不能復移易
也」：

初稟天然之姿，受純一之質，故生而兆見，善惡可察。無分於善惡，
可推移者，謂中人也。不善不惡，須教成者也。故孔子曰：「中人以
上可以語上也。」告子之以決水喻者，徒謂中人，不指極善極惡也。
孔子曰：「性相近也，習相遠也。」夫中人之性，在所習然，習善而

為善，習惡而為惡也。至於極善極惡，非復在習，故孔子曰：「惟上智與下愚不移。」性有善不善，聖化賢教，不能復移易也。……丹朱、商均已染於唐虞之化，然而丹朱傲、商均虐者，至惡之質，不受藍朱變也。(《孟子微‧性命第二》)

王充和董仲舒一樣主張「性三等說」，「中人」天性質樸無善無惡，而所謂的善惡是來自於「習」。

（四）荀　子

相反於孟子的性善，荀子主張性惡，所謂「善」者，「長大之後勉使為善也」：

孫卿有反孟子，作〈性惡〉之篇，以為人性惡，其善者偽也。性惡者，以為人生皆得惡性也；偽者，長大之後勉使為善也。(《孟子微‧性命第二》)

王充認為荀子和孟子犯了同樣的錯誤，就是不懂得人性有天生的差異，而將人性「單一化」，同時又過分強調後天環境的影響。因此，「孫卿之言，未得為實」：

若孫卿之言，人幼小無有善也。稷為兒，以種樹為戲，孔子能行，以俎豆為弄。石生而堅，蘭生而香。稟善氣，長大成就，故種樹之戲，為唐司馬；俎豆之弄，為周聖師。……夫孫卿之言，未得為實。(《孟子微‧性命第二》)

（五）董仲舒

王充認為董仲舒以「陰陽」調和了孟、荀「性善」、「性惡」的說法：

董仲舒覽孫、孟之書，作情性說曰：「天之大經，一陰一陽；人之大經，一情一性。性生於陽，情生於陰，陰氣鄙，陽氣仁。曰性善者，是見其陽也；謂惡者，是見其陰者也。」(《孟子微‧性命第二》)

王充認為董仲舒以「陰陽」論人性，以「孟子見其陽，孫卿見其陰」。雖然調合了孟、荀，但是「未能得實」，因為「人性情同生於陰陽」：

若仲舒之言，謂孟子見其陽，孫卿見其陰也。處二家各有見，可也，不處人情性，情性有善有惡，未也。夫人性情同生於陰陽，其生於陰陽，有渥有泊。玉生於石，有純有駁，情性於陰陽，安能純善？仲舒之言，未能得實。(《孟子微‧性命第二》)」

（六）劉子政

王充認爲劉子政和董仲舒一樣，都以「陰陽」論人性：

> 劉子政曰：「性，生而然者也，在於身而不發；情，接於物而然者也，出形於外。形外則謂之陽，不發者則謂之陰。」夫子政之言，謂性在身而不發。情接於物，形出於外，故謂之陽；性不發，不與物接，故謂之陰。夫如子政之言，乃謂情爲陽，性爲陰也。（《孟子微·性命第二》）

以性爲「生而然者」，「在於身而不發」，故性爲「陰」；以「情」爲「接於物而然者」，「形外則謂之陽」。王充認爲劉子政，「不據本所生起」，「不論性之善惡，徒議外內陰陽，理難以知」：

> 不據本所生起，苟以形出與不發見定陰陽也。以必形出爲陽，性亦與物接，造次必於是，顛沛必於是。惻隱不忍，不忍人之氣也。卑謙辭讓，性之發也。有與接會，故惻隱卑謙，形出於外。謂性在內不與物接，恐非其實。不論性之善惡，徒議外內陰陽，理難以知。且從子政之言，以性爲陰，情爲陽，夫人稟情，竟有善惡也？（《孟子微·性命第二》）

綜合以上各家對人性的探討，王充認爲各家「竟無定是」。但是相較之下「唯世碩、公孫尼子之徒，頗得其正」，可見王充認爲人性有天生的善惡：

> 自孟子以下至劉子政，鴻儒博生，聞見多矣。然而論情性，竟無定是。唯世碩（儒）、公孫尼子之徒，頗得其正。由此言之，……實者人性有善有惡，猶人才有高有下也。（《孟子微·性命第二》）

王充並且以「性三等說」調合孟子、荀子、揚雄等的人性論：

> 余固以孟軻言人性善者，有中人以上者也；孫卿言人性惡者，中人以下者也；揚雄言人性善惡混者，中人也。若反經合道，則可以爲教，盡性之理，則未也。（《孟子微·性命第二》）

王充認爲人性有天生的差異，可以分爲上、中、下三等，孟子的性善是指「中人以上者」，荀子的性惡是指「中人以下者」，至於「中人之性」，如揚雄所謂的「善惡混」，乃是天性自然，無善無惡，因「習」而有善惡。

由以上《孟子微》中，董仲舒與王充對人性的探討，可以歸納出幾個重點：一、反對對孟子的天生性善的說法，主張天生之性有善惡的差異，可以分爲三等；二、人性討論的重點，應集中在「中人」。「中人」天性質樸，可

善可惡，視其所習。這樣的結論大致爲康有爲所接受。

第二節　康有爲對「人性」的定義

一、康有爲對「性善說」的維護與詮釋

　　「性善說」是孟子思想系統的基石，康有爲註解《孟子》當然注意到這個重點。因此，董仲舒等人對「性善說」的詰難，康有爲當然有必要加以維護。首先，他贊同性善的觀念。在《孟子微・性命第二》中，針對《孟子》「仁義禮智，非由外鑠我也，我固有之也」的說法，康有爲提出相應的看法。

> 此明天生民以物則善性，人人可爲善也。……蓋天生一物，賦之以形色識性，皆各有度量分界，一定之則，是謂天則。……窮物理學者，不過考其天則而已。剛柔飛潛，各如其則而適其性，則能用之。若附子性熱，大黃性涼，因其則，可以爲醫。金類傳熱，電氣通遠，因其則，故可爲電線，傳聲傳言。若夫人之貴於萬物，其秉彝之性，獨能好懿德。好之云者，如磁之引鐵，芥之引針，其以太之所含，能與懿德合而攝之。如陽電陰電之相吸也，非本有其電，則不能與他電相吸。此人獨得於天者也。（《孟子微・性命第二》）

康有爲很有創意地從物理科學的現象中，提出相應的例子，證明善性得自於天，「我固有之也」的看法。也因爲人「性善」、有「其秉彝之性」，故「獨能好懿德」。接著他遍引群經證明人性本善並好懿德的看法，如：

> 董子《春秋繁露・爲人者天》篇曰：「爲生者不能爲人，爲人者天也。……」〈玉杯〉篇曰：「人受命於天，有善善惡惡之性，可養而不可改，可豫而不可去。」〈王道通〉篇曰：「人之受命於天也，取仁於天而仁也。……文理燦然而厚智，廣大而博。」此民所受之天則，故自好懿德也。天則又名天性，《中庸》曰「德性」，又曰「明德」。《傳》謂人既生魄陽曰魂，是以有精爽至於神明，孔子所魂氣則無不知。又曰：「知氣在上。」《易》所謂知氣遊魂，但有精粗之殊，故有神明精爽之氣之別。其曰：體魄則降，知氣在上，……《堯典》所謂「明其峻德」，《大學》之貴「明其明德」，中庸之貴「尊其德性」，《詩》所謂「予懷明德」，孟子之言養性，

> 擴充此物此志也。若無此性，則無此明德，自不好此懿德矣。仁
> 義禮智即懿德也。

但是在引群經應證的當中，他插入了「體魄」、「魂氣」、「知氣」等概念。這些正是康有爲「人性論」的重要概念。

其次，康有爲認爲孟子主張性善，目的並非爲性下定義，去判定性是什麼，而是「其情可以爲善」，帶有「鼓勵性質」：

> 孟子獨標性善，就善質而指之。曰：「乃若其情，可以爲善」，乃所謂善此。以舉世暴棄，而欲振捄之，乃不得已之苦心，立說有爲，讀者無以辭害意可也。（《孟子微‧性命第二》）

> 大人小人之異，視其擴充與否耳。孟子直截責人人自賊，專意教人擴充。夫有惡而防絕之甚難，不如有善念而擴充之其易。待人以惡，而立峻法以降伏之，何如與人爲善，引之高流而鼓舞之？故言過惡，則猶懷減伏之萌：與鼓舞，則人懷進上之念。（《孟子微‧總論第一》）

> 孟子……厚待於人，舍其惡而稱其善，以人性之質點可爲善，則可謂性爲善，推之青雲之上，而人不可甘隳於塵土也。（《孟子微‧總論第一》）

可見孟子的「性善」，完全是一種鼓舞人心的運用，目的爲了使「人不可甘隳於塵土也」，「厚待於人，舍其惡而稱其善」，由此也可以看出康有爲雖然爲孟子的性善說辯護，但實際上，他也認爲人性中有「惡」的成份，並非全爲善。又「以人性之質點可爲善，則可謂性爲善」，這和董仲舒的觀點是相同的。雖然如此，但是康有爲還是批評董仲舒：

> 其情可爲善，乃所謂善，此孟子性善說由來也，即董子以爲善質者也。董子固主性善者，然董子以爲善質不能謂之善，必至善乃可謂善，此乃泥其名耳。（《孟子微‧性命第二》）

> 「乃若其情，可以爲善」，即董子所謂「善質」。夫董子曰「善質」，既不能去其善之名，又何爭於孟子哉？（《孟子微‧性命第二》）

基於「乃若其情，可以爲善」的觀點，康有爲批評董仲舒的說法，他認董仲舒「泥其名」，其實「善質」就是「善性」。而且所謂的「性善」，並非如董仲舒所說的「今謂性已善，不幾於無教而如其自然」，孟子的重點在於「『其情可以爲善』，則仍是性可以爲善，可以爲不善之說耳」。孟子提倡「性善」是

爲勉人爲善，「許其爲善而超擢之」。

　　雖然康有爲批評董仲舒「泥其名」，強分「善端」與「善性」，但事實上，康有爲對人性的看法和董仲舒如出一轍：

　　　　夫曰天性、德性、尊之、率之、彌之，皆就善而言。若非善者，豈可尊之、彌之、率之？其當節、當修、當繼成之者，以性雖有善質，而非至善，即荀子之說「性者，本始質樸也；僞者，文理隆盛也。」質樸者，猶粗惡未精云耳。隆盛者，彌之、節之、率之，加以文明。（《孟子微·性命第二》）

　　　　告子……生之謂性。與《孝經緯》及《莊子》所謂「性者生之質也」同。荀子曰：「性者，本始質樸」董子亦謂：「天地之所生謂之性」又曰：「性之名，非生歟？如其生之自然之資謂之性，性者質也。」當是性之本義，制義制字者所爲。（《孟子微·性命第二》）

在康有爲的其他著作中，對人性的看法也和董仲舒相同：

　　　　凡論性之說，皆告子是而孟非，可以孔子爲折衷。告子之說爲孔門相傳之說，天生人爲性。（《萬木草堂口說·孟荀》）

　　　　從荀子說，則天下無善人；從孟子說，則天下無惡人。荀子說似較長。（《萬木草堂口說·孟荀》）

　　　　性只有質，無善惡。（《萬木草堂口說·春秋繁露》）

　　　　「性」字，「善」字，要分開講。（《萬木草堂口說·春秋繁露》）

可見康有爲之所以批評董仲舒的人性論，是因爲註解《孟子》必須站在孟子的角度，針對董仲舒自稱「吾質於命性者，異孟子」提出批評。但是他對董仲舒論人性的反駁也僅止於此，在其他的地方，他就非常地贊同董仲舒的看法。〔註1〕所以大致而言，康有爲對人性的看法和董仲舒、告子、荀子等相同，認爲「性者，質也」，「本始質樸」。

二、康有爲對「性三等說」的看法

　　在「性三等說」方面，基本上康有爲接受這個說法。

────────────

〔註1〕批評董仲舒的原因，除了站在孟子的角度之外，另一個可能，就是思想的變更。《萬木草堂口說》是光緒二十二年（1896）的作品，距離《孟子微》的完成已有六年的時間。六年的時間有可能令人改變某些觀點。

> 堯舜性之也，可學而未易至者也。……湯武反之，君子所學而能至
> 者也。(《孟子微‧性命第二》)

> 古佛乘有大小，根器有上下。孔子則曰：「中人以上可以語上，中人
> 以下不可以語上也。」夫制法之本、立義之原不能告眾，故曰：「民
> 可使由之，不可使知之」也。(《孟子微‧自序一》)

> 告子……性猶湍水，可東西流，視人所決。此即性可與爲善，可爲
> 不善之說，亦楊子所謂善惡混也，合於孔子性近習遠之義。爲中人
> 言之，本無可議。孟子以爲，爲不善乃搏激使然，似於人性，不當
> 以人性。(《孟子微‧性命第二》)

但是對於王充所謂「余固以孟軻言人性善者，有中人以上者也；孫卿言人性
惡者，中人以下者也」的分法，提出了批評：

> 孔子曰：「性相近，習相遠」、「惟上智與下愚不移」，王充所謂「性
> 善者，中人以上者也：性惡，中人以下者也：善惡混者，中人也。」
> 說非不是。但孟子之言性善曰：「其情可以爲善」，則仍是性可以爲
> 善，可以爲不善之說耳，並非上智之由仁義行也。荀子之本始質樸，
> 但未加文飾耳，亦非下愚之不移也。孟、荀所指，仍皆順就中人言
> 之也。(《孟子微‧性命第二》)

> 然則，孟、荀大概皆同，但標名曰善曰惡，此蓋諸子立義之常，猶
> 云心無二耳，後人不善體會，遂生訟端。漢儒之議孟子，宋儒之斥
> 荀子，亦非也。(《孟子微‧性命第二》)

康有爲認爲孟子之所以提倡「性善」，是爲了勉人爲善；荀子之所以主張「性
惡」，是鼓勵對人性加以「文飾」。至於他們對人性的定義，都是「本始質樸」，
沒有所謂善惡之分，都是針對「中人」而言，這同時也符合了孔子「性相近」
的觀念。

雖然康有爲指出孟子「性善」、荀子「性惡」，都是指「中人」而言，但
是他並不以善惡來區分「中人」，而是將「中人」全歸爲「善」(「善質」)，再
以「精粗」來判分：

> ……善亦有等，至善可名爲善，則善質亦可名爲善，但有精粗之分，
> 而可名爲善則一也。(《孟子微‧性命第二》)

「中人」以「精粗」來分，於是性不再只有三等，而是無限，符合「人性萬

端，人品萬彙」的現象。

> 吾嘗爲百度人表，以仁不仁差之，等其分數，以爲其人度之多寡進
> 退。(《孟子微・性命第二》)

> 將就物之萬殊言之，非止物物各殊，即人與人，性亦極殊。夫人之
> 性有萬億之不同，如堯、舜之與武后、張獻忠，善惡相去固遠也。
> 即就性善言之，堯、舜、孔子、伊尹之上聖，及顏子、黃高允、元
> 紫芝之純德懿行，季札、子臧、華盛頓之高蹈大讓，以及鄉里善人，
> 其等固有千百級之殊。(《孟子微・性命第二》)

第三節 「魂魄說」

　　康有爲認爲前人不論董仲舒、王充、孟子、荀子等，在人性的觀點，基本上是相同的，「若其直義，則一而已」，「皆以名不同而生惑」，只是因爲使用的名稱不同，所以容易造成誤會而引發爭執，「孟、荀大概皆同，但標名曰善曰惡，此蓋諸子立義之常，猶云心無二耳，後人不善體會，遂生訟端」。所以在上文中，康有爲就批評董仲舒「泥其名」。爲了解決這個問題，康有爲使用「正名」的方法，以「魂魄」來論人性：

> ……昔人不直指魂魄，或言陰陽，或言性情，或言精氣，皆以名不
> 同而生惑。若其直義，則一而已。(《孟子微・性命第二》)

一、「魂魄說」的基本概念

　　關於「魂魄說」的基本概念有兩點。首先，魂魄天生，互爲陰陽。康有爲接受董仲舒、劉子政等以「陰陽」論人性：

> 張子所謂有氣質之性，有義理之性，蓋兼理氣言之。其善乎？然莫
> 精於董之言也。曰：「天地之所生謂之性情，情亦性也。天兩有陰陽
> 之施，身亦兩有貪仁之性。」《白虎通》亦言之，此實精微之論。蓋
> 魂氣之靈，則仁：體魄之氣，則貪。魂魄即陰陽也。(《孟子微・性
> 命第二》)

董仲舒認爲人受天之「陰陽」而生，故有「貪仁」同存於性中。康有爲以「魂氣」爲「陽」、爲「仁」，以「體魄」爲「陰」、爲「貪」。

　　其次，「魂」「魄」的關係是對立的。康有爲認爲「魂」「魄」的關係，正

如一般所謂「靈肉二元論」：

> 然魂清虛而無憑者也，必藉魄乃爲用；魄強實而無知者也，多背魂
> 而自專。（《孟子微・心身第三》）

> 魂魄之好不同，而常相戰矣。……故魂魄交爭，魄必勝矣。以魄多
> 而魂少，魄實而魂虛，魄強而魂弱故也。（《孟子微・心身第三》）

魂魄是對立的關係，所以「常相戰」。而所謂「君子」或「小人」，則是「魂」、
「魄」對立爭戰的結果：

> 魂魄常相爭，魂氣清明則仁多，魄氣強橫則貪氣多。使魂能制魄，
> 則君子；使魄強挾魂，則小人。（《孟子微・性命第二》）

> ……視魂魄之孰強孰爲用事，魂用事者爲大人，魄用事者小人。……
> 故大人者，在先養其魂靈，統御其體魄而已。（《孟子微・心身第三》）

人性論的探討有兩大重點。首先，善惡的來源。人有善惡的行爲，而這
些行爲的淵源，前人認爲或來自人性天生、或由於環境使然。其次，如何爲
善？不管善惡的來源爲何，人所追求的必然是「向善的」。如何使人向善？這
就牽涉到「工夫論」。康有爲的「魂魄說」，基本上包含了這兩個議題。首先，
對於善惡的來源。「魂魄說」以人性天生，「貪仁」、「魂魄」、「陰陽」同存於
一身。人就天生而言，可以爲善也可以爲惡；其次，人若要向善，就必須「先
養其魂靈，統御其體魄」。

二、「魂魄說」的特色

康有爲「魂魄說」的特色主要有三點。首先，康有爲以「魂」「魄」的比
例，來說明「人性萬端，人品萬彙」的人性萬象：

> 若其魂魄之清濁、明闇、強弱、偏全，互相衝突牽制，以爲其發用
> 於是，人性萬端，人品萬彙。嘗爲人性表考之，分爲萬度，錯綜參
> 伍，曲折萬變。（《孟子微・性命第二》）

康有爲藉由「魂魄之清濁、明闇、強弱、偏全，互相衝突牽制」，將人性「分
爲萬度」，比起傳統「性三等說」將人性的只區分爲三，顯得更符合實際人性
的複雜性。

其次，康有爲認爲魂魄有轉世積累的特性：

> 故人皆縱任耳目口鼻身體，從魄以行擾，擾焉不知所之，以其無主

> 也；昏昏然別有所適，沈沈焉若有所醉，以其無知也。積之既久，
> 魂亦而迷焉，則喪其天官，失其天性，壞其天身，爲小人之歸矣。
> 非徒其一生，且將世世而沈淪焉。（《孟子微・心身第三》）

> 吾嘗見狂疾之人，只知食色，不識母妻，是其魂盡去而魄猶存也。
> 若神人者，肌膚若冰雪，清明在躬，不爲魄累，故死而猶存，蓋魄
> 死而魂存也。（《孟子微・性命第二》）

這種說法，可以解釋「性三等說」中「上智」與「下愚」的原由，同時也可以積極地勉人「養其魂靈」。

最後，「魂魄說」最大的特色，就在於「魂」具有「知」的能力，所謂「心思之官者，魂靈也」、「若魂靈，……能抽繹事理，能辨別是非」。

> 思之文，上從腦，下從心，腦與心合爲思，此先聖之古義，得物理
> 之精者也。《洪範》：「思曰睿，睿作聖。」……睿智可以作聖，故思
> 最爲人之主要矣。嘗質而言之，心思之官者，魂靈也。（《孟子微・
> 心身第三》）

> 性者，人之靈明，稟受於天，有所自來，有所自去。《禮》曰：「體
> 魄則降，知氣在上」，又曰：「魂氣則無不之」，故不隨身之生死而變
> 減。或稱「明德」，又曰「德性」，精言之謂「神明」，粗言之曰「魂
> 靈」，其實一事也。常人不足言神明，若君子所性，從無始來，積仁
> 積智而習成，經歷萬變而不壞。（《孟子微・總論第一》）

在此他提升了「知」在人性中的地位，而將「知氣」與「德性」、「神明」、「魂靈」相等同。他認爲君子之性乃是由「積仁積智而習成」。在前面第五章第三節中，曾探討「智」的重要，這種「重智」的傾向再度出現在他的「魂魄說」當中，呈現出相互呼應與思想的一貫性。

基於對「知」的推崇，康有爲特別重視教化：

> 國之文明，全視教化。無教之國，即爲野蠻；無教之人，近於禽獸。
> 故先聖尤重教焉。（《孟子微・闢異第十八》）

> 若以性行有未善而不知教育、天質太魯鈍而不肯誘導，豈知大匠無
> 棄材，良醫無惡疾？（《孟子微・辨說第十六》）

重「智」、重視「教化」，也就是康有爲一再強調的「開民智」，這與董仲舒所謂「善者，王教之化也」，有異曲同工之妙。

第四節　人性論與三世說的關係

一、人性的三世進化

在前面第五章第三節，探討康有爲「仁」的「進化論」。其中提到康有爲所謂的「三世進化」是以「仁」的廣遠與否來區分。而「仁」是屬於人性道德的範疇，可見在康有爲的觀念中，人性也是隨著「三世」而「進化」的。

> ……《論語》曰「克己」，佛氏降伏其心，當據亂世之生人，熏習累生之惡業惡識，正不能不用之。（《孟子微·性命第二》）

> 蓋言性惡者，亂世之法，……言性善者，平世之法。（《孟子微·總論第一》）

> 荀卿傳《禮》，孟子傳《詩》、《書》及《春秋》。禮者，防檢於外，行於當時，故僅有小康據亂世之制，而大同以時未可，蓋難言之。（《孟子微·自序一》）

可見人性在三世的進化，是由惡至善的過程。既然人性有進化，當然也就有「因時」的修養工夫：

> 如孟子以擴充普度，直捷放下，……此乃爲上根人語，爲太平世說，粗下之人，亂世之時，不易承當耳。（《孟子微·性命第二》）

> 言性善者，平世之法，令人人皆有平等自立，故其法進化向上爲多，孟子之說是也。各有所爲，而孟子之說遠矣，待人厚矣，至平世之道也。（《孟子微·總論第一》）

荀子言性惡是亂世的人性特徵。針對性惡人性，則「不得不因人欲而治之，故其法檢制壓伏爲多」；〔註2〕到了平世則性爲善，因此修養的工夫只要「擴充普度，直捷放下」

二、人性論與因時觀

〔註2〕 既然亂世人性爲惡，荀子的防檢工夫是「因時」的作法，但他卻又矛盾地批評這個工夫說：「若荀子檃括之說，則終日築隄以防漲溢，而河之決隄如故也。故孟子之言性，如禹之治水，專守主瀹濬疏排而利導之；荀子之言性，若賈讓、王景之治河，專主築隄而遷民以防捍之；若宋賢之言理性，則本於佛氏絕欲之說，並不留賈讓之游隄以留餘地，於是河日漲而隄日高，甚至水底高於平地，而河決無日矣。」（《孟子微·性命第二》）

康有爲在「魂魄說」中提到:「魂魄交爭,魄必勝矣」、「以魄多而魂少,魄實而魂虛,魄強而魂弱」,由此可見康有爲對於人性的觀感,基本上是比較悲觀的,同時偏向性惡的。他形容清末的中國人,「生於濁世,激於惡風,舉國皆飲狂泉」(《孟子微·性命第二》),可見他對清末亂世的人性,並不樂觀。

首先,在人心方面。他說:

> ……今者亂世之人心,皆從大鳥大獸,期爭噬食而來,又從太古漁獵而至,積無量世殺心而有今日,故貪殺之心極盛,人道安能致太平?(《孟子微·仁不仁第七》)

人類現在正處於「據亂世」。因進化不久,還殘留許多「獸性」,「故貪殺之心極盛」;其次,在天性方面。他說:

> 天之生人,智愚強弱之殊,質類不齊,競爭自出,強勝弱敗,物爭而天自擇之,安能得平?(《孟子微·總論第一》)

人天生有「智愚強弱」的不平,〔註3〕因此「競爭自由,強勝弱敗」,這根本違反了「太平世」仁愛、均平的精神。

再次,在環境方面。他說:

> 人或生於亂世,習於惡俗,屈於壓勢,薰陶既久,積非成是,舉國若狂者,是未得人心之正也。(《孟子微·辨說第十六》)

> 天性不忍之良,人固兼而有之,……舉世皆尚爭強之風,則披靡人間,薰染深微,漸漬骨髓,移易情性,雖有不忍之良,亦將爲謬說時風所遏蔽。(《孟子微·仁政第九》)

> 凡生與之俱,一地有一地之風,一國有一國之俗,既入其中,皆能移人積習,既久與之俱化,忘其是非。(《孟子微·心身第三》)

> 蓋天下一染室也,視其所染以爲朱黑。(《孟子微·貴恥第十四》)

一般人多爲普通的凡人,「中人則在人之夾輔,待人之指點」,〔註4〕「蓋天下一染室」,常人一出生,就在一個「皆尚爭強」的環境薰習之下,因此「習於

〔註3〕「天之生人,智愚強弱之殊」,這說明人天生不平等,但是在《孟子微·心身第三》中卻說:「蓋聖人亦人耳,我亦人也,耳目手足形體皆同,聰明才智亦同」,說法互相矛盾。

〔註4〕康有爲在《孟子微·性命第二》中說:「孟子之言性善,仍就大眾中人言之,……所謂『陷溺其心』,仍是習相遠之義,不爲上智下愚而言」。可見康有爲主張「性三等說」,大眾皆爲「中人」。

惡俗」，「雖有不忍之良，亦將爲謬說時風所遏蔽」。就是因爲這些緣故，使得人類「仁」的本性不能充分發揮！而不能馬上進化到「太平世」。

　　以上是康有爲在《孟子微》中的人性論。康有爲以董仲舒的人性論爲主，進而調合各家說法，並提出自己的「魂魄說」以詮釋善惡的來源，以及向善的方法。人性論與他的「三世進化之義」有很大的一致性。康有爲藉由對人性的觀點，也可以參證並補充其「三世進化」的思想。

第八章　結　論

　　以上是本論文的大致內容，各章節之間具有相當大的一致性，那就是直接或間接地宣揚變法的思想。如果以「忠於原著」的精神來看，康有爲註解《孟子》並不十分恰當。首先，康有爲寫作《孟子微》的目的，在於發揚所謂的「孔子三世進化之義」，進而提倡變法以救亡圖存。康有爲並不是眞的有意要註解、發揚《孟子》學說。因此，在上文中常可見到康有爲與孟子思想的矛盾。因此，我們說《孟子微》充其量不過是康有爲「託古改制」，寄託其變法思想的著作之一，《孟子微》的重點在於康有爲的變法思想，而不是孟子的思想。

　　其次，康有爲並不遵守「內聖外王」的基本原則與精神。他鄙視孟子的「義」，而希望藉由「智」而達「仁」；同時他也不推崇道德的聖王，而是希望發揚民權，朝民主政治的方向發展。當然這些都是基於救時的理想使然。但是若由這種救世的目的與氣魄來看，康有爲隱然又與孟子神合。

　　有人質疑康有爲算不算是個「儒者」？康有爲不委曲於現實，勇敢地面對自己，並堅持救人、救世的理想與胸襟，至死不變。這種特質倒和孔、孟十分地相似。當然他和孔、孟的「下場」也一樣，所謂「聖人猶有憾焉」！或許這些偉人可貴的地方，並不在於他們最後到底「完成」了什麼，而是在於他們能夠對生命作一「全然」、「自主」地詮釋與示範。

　　《孟子微》乃是康有爲以「六經注我」的方式詮釋《孟子》一書，康氏的目的非常明顯，乃以清代流行的研究方法——考據學，研究中國具有思想權威的經典，藉此，請出孔子、孟子等思想偶像，爲其變法運動代言。除了這個目的之外，《孟子微》相當具有思想研究的價值，等待後人加以探究，舉例如下：

一、關於「思想啓發」的問題

在光緒十六年康有爲與廖平在廣州會面之後，康有爲的學術思想產生了變化，由原本的古文經轉向了今文經。因此，梁啓超認爲康有爲受到廖平的影響：

> 有爲早年，酷好《周禮》，嘗貫穴之著《政學通議》，後見廖平所著書，乃盡棄其舊說……然有爲之思想，受其影響，不可誣也。（《清代學術概論》，頁 126）

然而在《康南海自編年譜》中，康有爲對廖平隻字未提，可見康有爲並不承認受到廖平的啓發，或者是有意忽略。因此，被認爲有抄襲的嫌疑，如錢穆說：

> 長素辨新學僞經，實啓始自季平。此爲長素所深諱，而季平則力揭之。（《中國近三百年學術史》，頁 715）

廖平本人即指控康有爲抄襲：

> 廣州康長素，奇才博識，精力絕人，平生專以制度說經。戊、己間，從沈君子豐處得《學考》，謬引爲知己。及還羊城，同黃季度過廣雅書局相訪，余以〈知聖篇〉示之。馳書相戒，近萬餘言，斥爲好名驚外，輕變前說，急當焚毀。當時答以面談再決。後訪之城南安徽會館，兩心相協，談論移晷。明年，……而《新學僞經考》成矣。（轉引自錢穆：《中國近三百年學術史》，頁 715）

廖平認爲自己的著作影響了康有爲的《新學僞經考》。〔註 1〕但是康有爲只承認受到劉逢祿、魏源、龔自珍的啓發：

> 吾嚮亦受古文經說，然自劉申受、魏默深、龔定庵以來，疑攻劉歆之作僞多矣，吾蓄疑於心久矣。（〈僞經考後序〉）

如果純就廖平〈辟劉篇〉和康有爲《新學僞經考》的內容相比對，確實有雷同之處。可見康有爲的今文經學思想確實受到廖平的啓發。雖然學者大多數認爲康有爲有抄襲之嫌，但是仍有學者從不同的角度提出辨解。如蕭公

〔註 1〕《新學僞經考》是受廖平〈辟劉篇〉的啓發而寫成的。若將梁啓超所說的內容要點，相較於〈辟劉篇〉，則明顯有雷同之處。然而，爲什麼康有爲《新學僞經考》聲名大噪，而廖平的〈辟劉篇〉反而隱而不聞呢？可能原因是因爲〈辟劉篇〉剛完成時並未刊行，其後易名爲《古學考》刊行時，已在《新學僞經考》刊出之後了；但是更重要的是因爲康有爲引證了大量的證據，使用了嚴格的邏輯推理，使人容易被說服而接受其論點；再加上《古學考》的語言形式採用經語式的，比較無法給人留下深刻的印象。

權說：

> 相同處確甚醒目，康氏很容易襲用廖平的見解。不過，公平地說，我
> 們不能完全否定康有獨自發現同一眞理的可能性。康讀書之多不下於
> 廖，自能得到相同的結論。畢竟古文經的眞實性問題早已有人提出，
> 公羊學的研究也遠早於廖平推演他的說法。康氏可能在見到廖平著作
> 前，已受到較早的公羊家，如龔自珍（1792～1841）和魏源（1794
> ～1856）的啓示。康氏自己的業師朱次琦，在捨鄭康成之說時，可能
> 已引導康對古文經傳統採取批評的態度。我們甚至可猜想，康氏於光
> 緒五年（1879）初識西學時，雖是一鱗半爪，但可能使康較廖更易於
> 對群經作不尋常的解釋。（《康有爲思想研究》，頁64）

在此，蕭公權指出康有爲接受各種啓發的可能性。這種見解是相當中肯的，
也符合思想產生的原理。

　　眞理具有「普遍性」，這個「普遍性」存在於不同的事物之中。對一位思
想家而言，隨著內在追求眞理驅力的加強，他的「敏銳度」也會隨著增強，
在這種情形底下，他可以突破事物外在的「形象」，而從事物的「內在」獲取
他所需要的「理」。這就是爲什麼「掃灑可以通神」的原因。因此，只要康有
爲追求的驅力足夠，他可以透過不同的事物得到啓發，而不一定非得依賴廖
平不可。

　　又就思想原理而言。「思想啓發」這一現象，可以細分爲「啓發物」與「被
啓發者」。在思想啓發的過程中，「被啓發者」是「主動的」，主動追尋解答；
相對地「啓發物」只是「客觀地」存在，它並不能「主動」地去「啓發」「被
啓發者」。例如，牛頓因蘋果而發現「萬有引力」。牛頓是「被啓發者」，而蘋
果則爲「啓發物」。整個啓發的過程是：牛頓追尋「萬有引力」之時，被「蘋
果的掉落」所啓發。在整個事件的過程中，牛頓的「主動」追尋是最重要的；
相對地，蘋果只是「客觀地」存在，也不重要，因爲任何東西的「掉落」都
有可能啓發牛頓的思想。

　　同理，早在遇到廖平之前，康有爲就已經「主動地」尋求變法的理論依
據。如果沒有這個先決條件，廖平也不可能啓發康有爲。要不然看過廖平著
作的人，恐怕不只康有爲，而爲什麼只有康有爲能發展出「三世進化」的思
想理論？

　　由以上的推論，仔細思想蕭公權的說法，似乎也有欠妥之處。因爲在思

想啓發的過程中，只「被啓發者」才有「主動性」，但是蕭公權卻將「主動性」歸給「啓發物」。例如他說「康讀書之多不下於廖，自能得到相同的結論」。讀同一本書，不見得必得相同的結論，尤其是對迫切尋找思想解答的人而言，他往往會「主動地」任意（有意或無意地）附會、變更書中的本意，以符合他所「預定」要追尋的答案。這種現象在《孟子微》中是很常見的。

二、關於「思想調融」的現象

在第一章「緒論」中提到，在《孟子微》中，康有爲所「調融」的思想，不只在中西思想。思想的「調融」是思想形成的現象與技巧之一。例如在前面第三章第四節中，宋翔鳳以《春秋》爲主，「調融」了《易》乾、坤、性善、性惡、荀子、董仲舒以及《禮》等，又廖平以孔子「少壯之學」與「晚年定論」，嘗試調融解決今、古文之爭。可見不僅康有爲擅於使用思想調融的技巧。

然而要如何「調融」各種不同的思想乃至於萬事、萬物？大致可以歸納出兩點：

首先，「找出共相」。從（思想）材料中，提煉出共同的「主旨」，而加以串聯。這「主旨」其「純度」必須非常地高，沒有明顯的「特色」。康有爲的「三世進化之義」就是一個「純度」很高的「主旨」。因爲它充其量不過指出人有向上追求美好的本能，而用這種人類的「本能」爲主旨，當然可以「調融」孔子的「仁」、孟子的「民本」、「井田」、乃至於西方追求「均平」、「自由」的制度等等，只要它的主旨是「向上」，那麼就可以都被康有爲的「三世進化」所「收攝」、「串聯」。

其次，「安排殊相」。也就是處理（思想）材料的「差異性」。材料可以因具有「共相」而被串聯爲一，但是材料之間也各有差異性，也就是「殊相」。串聯之後，要將它們的差異性予以安排，免得破壞「串聯爲一」的結果。

以康有爲的「人性論」爲例。對於人性的觀點，不管是「性善」、「性惡」、「善惡混」等，它們的目的都是「向善的」。因爲如果主張「性善」則加以「擴充」，「性惡」則加以「防檢」，「善惡混」則加以「教化」，其目的都是「向善的」，因此康有爲說：「若其直義，則一而已」。但事實上，「性善」與「性惡」是直接「對立」的。要如何處理這個矛盾呢？康有爲的方法是：

> 蓋言性惡者，亂世之法，……言性善者，平世之法。（《孟子微·總論第一》）

　　董子之正名固是，但善亦有等，至善可名爲善，則善質亦可名爲善，
　　但有精粗之分，而可名爲善則一也。(《孟子微‧性命第二》)

「性善」與「性惡」原本是「對立」，在此康有爲以「分等」的方式，將它們
錯開。因此，隨著調融對象增加，「分等」的數目也隨之增加，這也就是爲什
麼康有爲要將「三世繁複化」的原因

　　由於康有爲熟諳思想調融的技巧，因此在《孟子微》中幾乎找不到「對
立」的現象，而出現「相資以成用」的境界：

　　孟子又總大道而言之，只有仁與不仁二者。二道實一道之正負也，
　　此乃該括天下之道，一切治教之得失、進退、是非皆以此決之。此
　　一言乃孔子論道之總要。……雖事有萬殊，不出二道，特以其分數
　　多少等差之而已。(《孟子微‧總論第一》)

　　精粗本末皆不可缺，而亦不能相輕也。如東西牆之相反，而相須以
　　成屋也；如水火、舟車、冰炭之相反，而相資以成用也。(《孟子微‧
　　自序一》)

　　不義之中有義，義之中有不義，辭不能及，皆在於指，非精心達思
　　者，其孰能知之。(《孟子微‧仁不仁第七》)

　　耶穌專以救民爲義，摩訶末專以復仇爲義，而成兩大教主，民皆歸
　　之，得孟子單義如此。(《孟子微‧仁政第九》)

但是就因康有爲調融技巧使用過繁，包含太大，使「三世說」顯得空泛、附
會而不精緻。

三、關於「太平世」是否存在

　　康有爲認爲到了「太平世」，「仁」的推思到了最高的境界。而呈現一切
皆善的現象。因此對「太平世」的形容都是贊嘆之辭：

　　孟子爲平等大同之學，人己平等，各得其樂。(《孟子微‧同民第十》)

　　……太平大同，人人獨立平等，民智大開，盡除人患，而致人樂。(《孟
　　子微‧同民第十》)

　　……全世界皆善，愷悌慈祥，和平中正，無險詖之心，無愁欲之氣。
　　建德之國，妙音之天，蓋太平大同世之人如此。(《孟子微‧總論第
　　一》)

在康有爲的心目中，「太平世」是「人間樂土」的代名詞。「凡同爲人類者，皆親愛之」，不僅人與人之間平等而相愛，同時眾生也一律平等：

> 至於太平世，眾生如一，必戒殺生。(《孟子微‧總論第一》)

> 野蠻既全併於文明，則太平而大同矣；猛獸既全併於人類，惟牛、馬、犬、羊、雞、豕、豢養服御者存，則愛及眾生矣。此仁民愛物之等乎？(《孟子微‧闢異第十八》)

「眾生如一」，代表一切的「界線」、「分別心」都被去除。康有爲認爲「分別」、「界限」是人類進化的最大阻力，在《禮運注‧敍》中說：「夫有國有家有己，則各有其界而自私之，其害公理而進化矣」，他認人類之所以會相爭，在於有「界」，有分別心，一旦有這個觀念，就會產生自私的心理與行爲。因此，他寫作《大同書》以去「九界」。九界分別是：國界、級界、種界、形界、家界、業界、亂界、類界、苦界。梁啓超說：

> 《大同書》……於人生苦樂之根源善惡之標準。言之極詳辯，……其最要關鍵，在毀滅家族。……謂私有財產爲爭亂之源，無家族則誰復樂有私產；若夫國家，則又隨家族而消滅也。有爲懸此鵠爲人類進化之極軌。(《清代學術概論》，頁135)

康有爲認爲「九界」是「諸苦之根源」。因此到了「太平世」，人世間所有的「界線」一律去除，而呈現出「大公」、「均平」的狀態：

> 人人皆平等，乃太平大同世之極。(《孟子微‧總論第一》)

> 大同之世，人人以公爲家，無復有私，人心公平，無復有貪。(《孟子微‧同民第十》)

> 至於推行爲太平道，……，則人己不隔，萬物一體，慈憫生心，即爲求仁之近路。……人人獨立，人人平等，人人自主，人人不相侵犯，人人交相親愛，此爲人類之公理，而進化之至平者乎！(《孟子微‧同民第十》)

康有爲認爲人類一旦去除「界限」、無私，就能夠進入「太平世」。這種說法就理論而言是成立的；但就現實而言，卻永遠不可能。因爲人類的問題，主要來自「由差異性所造成的不協調」，因此如果能去除「差異性」，那麼問題就能迎刃而解；但現實上，人的「差異性」並不是人所能完成主宰、控制的。因此，在理論上，「太平世」可以成立；而在現實世界則永遠不可能有所謂的「太平世」。

參考書目

一、專　書

（一）康有為的著作

1. 《孟子微八卷》，康有爲，廣智書局鉛印本，萬木草堂叢書本。

2. 《孟子微》，康有爲，台北，華文，不忍雜誌彙編，民國 57 年。

3. 《孟子微》，康有爲，台北，商務印書館，民國 59 年。

4. 《孟子微》，康有爲著，蔣貴麟主編，台北，宏業書局有限公司，民國 65 年 9 月 30 日。

5. 《孟子微》，康有爲著、樓宇烈整理，北京，中華書局，1987 年 9 月。

6. 《康南海自編年譜》，康有爲，台北，宏業書局有限公司，民國 65 年 9 月 30 日。

7. 《康南海先生遺著彙刊》，蔣貴麟主編，台北，宏業書局，民國 65 年 9 月 30 日。

8. 《戊戌變法前後——康有爲遺稿》，上海市文物保管委員會編，上海，上海人民出版社，1986 年 8 月。

9. 《禮運注》，康有爲，北京，中華書局，1987 年 9 月。

10. 《新學僞經考》，康有爲，上海，上海古籍出版社出版，1987 年 10 月。

11. 《康有爲全集》，康有爲，上海市，上海古籍出版社出版，1987 年 10 月第 1 版。

12. 《長興學記、桂學答問、萬木草堂口說》，康有爲著、樓宇烈整理，北京，中華書局，1988 年 3 月。

13. 《康南海詩文選》，鍾賢培、陳永標、劉偉林，廣東，廣東高等教育出版社，1988 年 12 月。

14. 《孔子改制考》，康有爲，北京，中華書局，1989 年 3 月。

15. 《春秋董氏學》，康有爲著、樓宇烈整理，北京，中華書局，1990 年 7 月。

16. 《康南海政史文選》（1880～1898），沈茂駿，廣東，中山大學出版社，1998年11月。

（二）傳記部分（與康有爲有關的著作）

1. 《南海康（有爲）先生傳》，張伯楨，臺北市，文海，民國55年。

2. 《康有爲評傳》，沈雲龍，台北，傳記文學，民國67年再版。

3. 《民國康長素先生有爲梁任公先生啓超師生合譜》，楊克己，台北，商務印書館，1982年。

4. 《康有爲與戊戌變法》，湯志鈞，北京，中華書局，1984年。

5. 《康有爲思想研究》，蕭公權著；汪榮祖譯，台北，聯經出版事業公司，民國77年5月。

6. 《康有爲思想研究》，鍾賢培，廣東，廣東高等教育出版社，1988年8月。

7. 《康有爲傳》，阪出祥伸著、葉妍譯，台北，國際文化事業有限公司，1989年6月。

8. 《儒學的危機與嬗變——康有爲與近代儒學》，房德鄰，台北，文津出版社，民國81年1月。

9. 《康有爲傳——孔教之馬丁·路德》，馬洪林，台北，克寧出版社，1994年12月。

10. 《大儒列傳——康有爲》，張岱年主編，何金彝、馬洪林著，長春，吉林文史出版社，1997年2月。

（三）公羊思想（與經史相關著作）

1. 《六譯館經學叢書》，廖平，成都，存古書局彙印，1925年。

2. 《定盦文集》，龔自珍，上海，商務印書館，1937年。

3. 《翼教叢編》，蘇輿，台北，臺聯國風出版社，1970年。

4. 《公羊家哲學》，陳柱，台北，臺灣中華書局，民國69年11月臺二版。

5. 《皇清經解》，台北，復興，1972年。

6. 《皇清經解續編》，台北，復興，1972年。

7. 《龔自珍全集》，龔自珍，台北，河洛圖書出版社，1975年。

8. 《公羊義疏》（第一冊），陳立，台北，台灣商務書館發行，民國71年5月。

9. 《晚清公羊學派的政治思想》，何信全，台北市，經世，民國73年。

10. 《論衡》，王充，北京，中華書局，1985年。

11. 《清末的公羊思想》，孫春在，台北，台灣商務印書館發行，民國74年10月。

12 《春秋公羊傳今註今譯》下冊，李宗侗註釋，台北，臺灣商務印書館，民國 74 年 11 月四版。

13. 《廖平學術思想研究》，陳德述、黃開國、蔡方鹿，四川，四川省社會科學院，1987 年 8 月。

14. 《春秋公羊傳要義》，李新霖，台北市，文津，民國 78 年。

15. 《春秋公羊經傳解詁》，何休，上海，上海書店，1989 年 3 月。

16 《春秋經傳集解》（四部備要第二冊），中華書局編，北京，中華書局出版，1989 年 3 月。

17. 《春秋繁露》，董仲舒撰、凌曙注，北京，中華書局，1991 年。

18. 《廖平經學思想研究》，陳文豪，台北，文津出版社，民國 84 年 2 月。

（四）其 他（與本題相關著作）

1. 《經學歷史》，皮錫瑞，台北，河洛出版社，1974 年。

2. 《天演論》，嚴復，台北，商務印書館，1977 年。

3. 《章太炎政論選集》，湯志鈞，北京，中華書局，1977 年 11 月。

4. 《兩漢經學今古文平議》，錢穆，台北，東大圖書公司，1978 年。

5. 《飲冰室文集》，梁啓超，台北，中華書局，1978 年。

6. 《革命逸史》，馮自由，台北，商務印書館，1978 年。

7. 《隋書》，魏徵，北京，中華書局，1989 年 3 月。

8. 《近代中國思想人物論──晚清思想》，汪榮祖等，台北，時報出版公司，1980 年。

9. 《梁啓超傳》，李喜所、元青，北京，人民出版社，1993 年 10 月。

10. 《清代學術概論》，梁啓超，台北，臺灣商務印書館，1994 年 1 月臺二版

11. 《清代學術史研究續編》，胡楚生，台北，臺灣學生書局，民國 83 年 12 月初版

12. 《孟子思想的歷史發展》，黃俊傑，台北，中央研究院中國文哲研究所籌備處，民國 84 年 5 月。

13. 《中國近三百年學術史》，錢穆，台北，台灣商務印書館，1996 年 7 月二版。

二、期刊、論文

1. 〈康有為公羊三世說的歷史進化觀點研究〉，吳澤，北京，《中華文史論叢》第一季，1962 年 8 月。

2. 〈戊戌後的康有為　　思想的研究大綱〉，徐高阮，《大陸雜誌》42：7，台北，大陸雜誌社，1971 年。

3. 〈康有爲『論語注』中之進化思想〉，胡楚生，國立中興大學《文史學報》第 20 期，民國 79 年 3 月。

4. 〈康有爲纂『日本變政考』〉，張書才，《故宮博物院刊》，1980 年 3 月。

5. 〈康有爲和公車上書〉，蘇雙碧，《文史知識》，1981 年 6 月。

6. 〈康有爲〉，周文斌，《湖南日報》，1981 年 11 月 19 日。

7. 〈向西方尋眞理的康有爲〉，蘇辛，《羊城晚報》，1982 年 1 月 13 日。

8. 〈康有爲等公車上書〉，馬景祥，《北京日報》，1982 年 5 月 2 日。

9. 〈論康有爲哲學思想的特點〉，鄭克強，《復旦學報》，1982 年 6 月。

10. 〈康有爲上奏變法三要義〉，賀樹德，《北京日報》，1983 年 1 月 29 日。

11. 〈近代改良主義運動領袖——康有爲〉，趙柬明，《遼寧日報》，1983 年 3 月 2 日。

12. 〈民國初年康有爲之孔教運動〉，陸寶千，台北，中央研究院近代史研究所期刊，民國 72 年 6 月。

13. 〈近世中國經世思想研討會論文集〉，中央研究院近代史研究所編，民國 73 年 4 月。

14. 〈康有爲的歷史觀及其對時間與傳統的看法〉，羅久蓉，台北，中央研究院近代史研究所期刊，民國 74 年 6 月。

附錄一：論康有為調和中西思想的契機與方法——以《孟子微》為例

摘　要

　　康有為是清末變法維新運動的主事者。他自得於西學，並且認為西方的學術、制度，尤其是民主政治的歷程，乃是當時中國變法、學習的具體方向。光緒十六年，經過廖平的啓發之後，以中國傳統公羊學的「三世說」為架構，融入西學的「社會達爾文主義」，並以此收攝西方文化、學術與制度等，將它們放置於三世中的「太平世」，作為清末中國變法維新的努力方向。完成了中西學術思想的調和。本文試析康有為調和中西思想的方法，主要有三個步驟，分別為「找出共相」、「標立架構」與「安排殊相」。在調和方法的運用下，康有為解決了中西思想間的衝突與對立，西學藉由融入國學，間接取得認同，並宣告新思潮的來臨。

壹、前　言

　　關於康有為《孟子微》一書的研究，黃俊傑先生曾寫過〈從「孟子微」看康有為對中西思想的調融〉，〔註1〕該文以史學方法，從政治、經濟、社會等方面，將《孟子微》中的某些觀念與清末時的西學作一比對。進而肯定在清末中西文化接觸時，康有為所扮演「文化調融」的角色。他說：

> 康有為……努力以孟學中原有的觀念或制度如民本、均平、井田等作為融通中外的契機。《孟子微》全書引介近代西方自由、民主、平等以及社會達爾文主義、重商思想等，確為孟學傳統別開新面，發前人所未發。

────────────

〔註1〕中央研究院近代史研究所編：《近世中國經世思想研討會論文集》，民國73年4月。

黃先生以「中西思想的調融」為研究主題，這不但指出《孟子微》特色，同時也指出了康有為調融中、西思想的動機與努力。

所謂「思想調和」是指將兩種以上不同的思想，加以綜合、整合成為一套思想。如果思想的內容與性質相近，如孔、孟之間，這是「傳承」而不是「調和」。所謂的「調和」，通常是指內容與性質差異頗大，甚至有一大部分是針鋒相對的，例如儒與道之間。在中國思想發展史上，「思想調和」的現象並不罕見。例如魏晉玄學家的調和儒、道；唐代儒、道、釋的「三教合一」、明末的理學與心學、清末的「中學為體，西學為用。」……等等。

既然是對立矛盾的思想，那麼思想家為什麼要將它們調和為一呢？調和的動機、契機在哪裡？又既然是差異性頗大的思想，那麼該如何加以「調和」呢？調和的方法為何？黃先生的研究，主要在於探討《孟子微》中，中西思想調融的「現象」，本文則著重在調和的「契機」與「方法」的探討。筆者希望研究的結果，不僅適用於《孟子微》，甚至可以推及、適用並說明中國思想發展史上，其他思想調和的現象。當然這份研究報告只是一個開始，其中必然存在許多有待商榷，乃至於錯誤之處，還祈望師長、前賢等能多加批評指正，則思想調和理論的概念將更為清晰、完備。

貳、《孟子微》的思想主旨

光緒二十四年，戊戌政變之後，康有為歷盡驚險，先逃到香港，後轉往日本。光緒二十七、二十八年，定居於印度大吉嶺，將全部精力投入著述當中。完成了《孟子微》、《論語注》、《大學注》、《春秋筆削微言大義考》等書。〔註2〕繼續以注解傳統儒家經典的方式，寓意變法思想，宣揚維新觀念。

《孟子微》的主旨，寓含很強的政治動機。這種以政治現實的需要，也就是由「外王」的方向來詮釋《孟子》，與傳統偏重心性，也就是「內聖」的方向不同。因此康有為對於前人的注釋有所不滿。在〈自序〉中說：「乃僅知其介介之義，而不知其肫肫之仁；僅知證其直指之心，而不知推其公同之理。」於是他重新詮釋《孟子》而為《孟子微》。《孟子微》的「微」義，乃指孔子「三世進化」的「微言大義」。可惜「數千年注者雖多，未有以發明之。」所以康有為希望藉由《孟子微》發揚此一「微言大義」，進而「拯普天生民於卑

〔註 2〕關於《孟子微》成書的時間，一說光緒二十七年、或作二十八年。經筆者考證應以光緒二十八為是。詳見筆者碩士論文：康有為《孟子微》研究，頁3～5。

下鉗制之中」。

　　然而孔子的「微言大義」何以在《孟子》一書中出現，甚至成爲孟子思想的主旨呢？康有爲的說法是：「（孟子）傳（孔子）平世大同之仁道，得孔了之本者也。」（〈自序一〉）在孔子弟子當中，由於顏子早歿，使得孔子微言大義不能盡傳，遂將其思想的微言大義書之於《春秋》，傳於子游，子游傳之子思，「而孟子受業於子思之門，深得孔子《春秋》之學而神明之。」故孟子最得孔子心傳。〔註3〕孟子既得孔子之眞傳，故孔子《春秋》「三世進化」的微言大義，亦存於《孟子》一書中。所以在康有爲的觀念中，孔、孟思想大致上是不分的。因此，註解《孟子》即是發揚孔子思想。

　　《孟子微》是康有爲另一部「託古改制」之作。康氏藉孔、孟的權威來宣揚自己的變法思想，爲清末政治改革尋找傳統的理論、助力與權威。因此，《孟子微》的思想主旨，可以粗分爲兩個重點，即變法的主角──「神格化的孔子」，以及變法的內容與方向──「三世進化之義」。

一、變法的主角──神格化的孔子

　　在中國傳統文化當中，孔子擁有無上的權威，所以清末的變法運動，如果能夠找到孔子作爲「代言人」，那將會減少很多阻力。所以康有爲將自己構思的變法思想「託古」於孔子，這似乎是唯一且必然的選擇。他不僅抬出孔子作爲變法的提倡者，並且進一步將他「神格化」、「宗教化」，這無形中又加強變法運動的權威性與神祕性。

　　孔子在漢代公羊學家的心目中，已有「神化」的傾向。如西漢董仲舒認爲孔子爲「素王」，到了東漢何休除了接受董氏的「以春秋當新王」之外，更進一步地將孔子「神化」：

> 孔子母徵在游於大冢之陂，睡夢黑帝使請己。已往夢交，語曰：「女乳必於空桑之中。」覺在若感，生邱於空桑之中，故曰元聖。……
> 孔子之胸曰：「制作定，世符運。」（《春秋公羊經傳解詁》「哀公十四年春西狩獲麟」條下注）

在何休的心目中，孔子的出生背景異於凡人，乃黑帝降精轉世。而孔子降世的目的在於爲漢代預「作撥亂之法」：

> ……得麟之后，天下血書魯端門曰：「周姬亡，彗東出：秦政起，胡

〔註3〕孟子最得孔子之「本」，但是並未得孔子之「全」，原因有二：首先，孟子未得孔子《易》、《禮》的傳承；其次，孟子寡言天道之精微。

破術；書記散，孔不絕。」子夏明日往視之，血書飛爲赤鳥，化爲

白書，署曰演孔圖，中有作圖制法之狀。孔子仰推天命，俯察時變，

卻觀未來，豫解無窮。知漢當繼大亂之后，故作撥亂之法以授之。(同

上)

可是生於春秋時代的孔子，怎麼可能「知漢當繼大亂之后」，同時提供一套制
度爲後來的漢代所用呢？孔子這種「仰推天命，俯察時變，卻觀未來，豫解
無窮」的能力，已非常人所能。

在《孟子微》中，康有爲繼承董仲舒的說法，以孔子作《春秋》代表「素
王改制」的象徵。如「《春秋》作，新王受命。」(〈總論第一〉)、「《春秋》作，
新王改制。」(〈仁政第九〉)、「《春秋》一書爲孔子素王改制之書。」(〈總論
第一〉)。並且接受何休將孔子「神格化」的作法。康氏認爲孔子爲「蒼帝降
精，此明天所降，生爲聖人，非父母所能。」(〈孝弟第六〉)於是進一步封給
孔子「教主」、「教王」的頭銜。如「孔子爲教主，稱『素王』。」(〈總論第一〉)、
「故春秋以孔子爲新王，……爲後世之教王者也。」(〈王霸第八〉)

孔子原本爲「天神」，「超然於天人之上，視人間世皆腥膻培塿，視皇王
帝霸皆塵垢粃糠，不足當一映也。」(〈總論第一〉)既然如此，爲何還要「降
世」爲凡人呢？答案是因爲聖人具有「救民患」的慈悲心，「因不忍人之心盛
大熱蒸，不能自己耳！」於是降世投胎而爲凡人，「創教改制」，創立「孔教」
以普渡眾生。

康有爲認爲任何的宗教或學說創立之後，都需要有後人、門徒加以發揚，
然後才得以大盛，「若佛教之有龍樹，基督教之有保羅。」因此，孔教也不例外：

一教主之起，……必有魁壘雄邁，龍象蹴踏之元夫巨子，爲之發明

布濩，而後大教盛。……若佛教之有龍樹，基督教之有保羅是也。

孔子改制創教，傳於七十子，其後學散布天下，徒侶六萬，於是儒

分爲八，而戰國時孟、荀尤以巨儒爲二大宗。(〈自序一〉)

孔教經「七十子」、「徒侶六萬」、以及孟、荀二大弟子的傳佈，達到了「天下
咸歸依孔子」的空前盛況。

中華民族原本可以在孔教的帶領下，進入「太平」盛世，過著幸福快樂
的生活。到了漢代，「聖制萌芽」(《孔子改制考·敘》)，孔教繼續發展、茁壯，
「夫兩漢君臣、儒生，尊從《春秋》撥亂之制而雜以霸術，猶未盡行也。」
但不幸地，到了西漢末年，劉歆爲了幫王莽篡漢，藉由「校秘書」職務之便，

「遍僞羣經」，「點竄其僞經，以迎媚之。」〔註4〕由於王莽君臣的篡僞，使得孔子學說湮滅，乃至於整個中國傳統學術遭到了重大的破壞，進而使中華民族經歷前所未有的浩劫。〔註5〕

所以康有爲註解《孟子》的主要動機，在於復興被劉歆破壞的孔教傳承，提倡孔、孟「三世進化」的微言大義，揭櫫孔教的大蠹，進而使清末的中華民族振衰起蔽，循序漸進地進入太平盛世。

二、變法的內容與方向——三世進化之義

孔子既然「創教改制」，必然要有一部「聖經」記載「教義」。這方面，康有爲承繼今文經家的說法，以六經皆爲孔子所作。故六經即爲孔教的聖經。〔註6〕六經記載著「孔子之道」，即「原天地，本神明，育萬物，本末精粗，四通六闢，其運無乎不在。」（〈自序一〉）的完備「教義」。六經教義之中，最重要的就是《春秋》經中的「三世進化之義」。「蓋《春秋》有三世進化之義，爲孔子聖意之所寄，孔子之所以賢於堯舜，功冠生民者，在是。」（〈總論第一〉）

「三世進化之義」爲孔教主要「教義」。它的大意是指人類社會的歷史發展，可以分爲三個進化階段，即「據亂世」、「升平世」、「太平世」。人類的發展就沿著這三個階段，由朝「據亂世」而「升平世」，最後到達「太平世」。這是「進化」的必然性，任何人也阻擋不住的歷史潮流。

「三世進化之義」有兩個主要的特色：

1. 「三世」與制度的配合。「三世」中，每一「世」各有一相應的「制」，也就是該世發展的「制度」、重點。以政治爲例：

> 或民主，或君主，皆因民情所推戴，而爲天命所歸依，不能強也。
> 亂世、升平世、太平世，皆有時命運遇，不能強致，大義則專爲
> 國民。若其因時選革，或民主、或君主、或君民共主，迭爲變遷，
> 皆必有之義，而不能少者也。即如今大地中，三法並存，大約據

〔註4〕 以上引文見《新學僞經考‧劉歆王莽傳辨僞第六》。

〔註5〕 《孔子改制考‧敘》云：「于是削移孔子之經而爲周公，降孔子之聖王而爲先師，《公羊》之學廢，改制之義湮，三世之說微，太平之治，大同之樂，闇而不明，鬱而不發。……中國之民遂二千年被暴主、夷狄之酷政。耗矣！哀矣！」

〔註6〕 「《六經》皆孔子所作」，但孔子在《論語》中自謂「述而不作」，對於這個矛盾，康有爲解釋爲：「孔子改制，皆託之三代，故曰『述而不作』。」（《萬木草堂口說‧孔子改制》）

　　　　亂世尚君主，升平世尚君民共主，太平世尚民主矣。（〈同民第十〉）

「據亂世」代表政治最原始的狀況，崇尚君主，屬於「封建諸侯」的型態；到了「升平世」，則進步爲「君民共主」，政府開始授民權、開議院；到了最後的「太平世」，也是政治發展的最高、最後階段。這時人民可以享有完全的自主權，「民主政治」成爲唯一的政治型態。

　　2. 進化必須因時制宜。孟子稱讚孔子爲「聖之時者也」。康有爲也很強調孔子「教義」中「時」的觀念。所謂「聖人之行，隨時地不同。」（〈辨說第十六〉），這是因爲「運有隆污，遇有否泰，不持一義以待人，故（孔子）立三者（按：三者即「三世」）以爲經權常變之用。」（〈貴恥第十四〉）在複雜的現實環境當中，要解決各類的問題，方法不能一成不變，必須要提出不同的因應辦法，要懂得「多方以濟之」，這樣才能「對症下藥」。所以孔子立「三世」之制，即是提出三種不同的方法、制度，以便因應三種不同現實環境的需要。

　　各民族或國家都必須要「進化」，要根據自己的國情，向上進化提升一「世」與一「制」，這是「因時」的，也是最正確的作法。例如，康有爲認爲清末的中國屬「據亂世」——「君主專政」，那麼「因時」的方向是進入「升平世」——「君主立憲」。所以由光緒皇帝來主持君主立憲，可以說是清末中國唯一的選擇，也是最「因時進化」的作法。職是之故，康有爲不但反對繼續保留在「據亂世」的君主集權，同時也不贊成「躐等」，越過升平世的君主立憲，而實施當時國民黨提出的民主政治。理由是民主政治是太平世的政治制度，當時的中國「未至其時」，實施民主政治「徒致亂而已」。〔註7〕康有爲相當堅持「因時進化」的觀點。這使得即使國民革命成功進入民國之後，他仍然支持「復辟運動」，而被批評爲「落伍」的象徵。

參、「三世進化之義」的學術淵源

　　康有爲自述其「三世進化之義」，源自於「《易》之陰陽之變，《春秋》三世之義」（《禮運注・敍》）。這是保守的說法。因爲他忽略了西學的部分。胡楚生師說：

　　　康氏既於《春秋》與《禮運》等傳統舊籍，有所闡明，又於西洋新

〔註7〕〈自序一〉云：「平世、撥亂、小康、大同，皆大道所兼有，若其行之，惟其時宜。……茍非其時而妄行之，……亦未見其可也。故誠當亂世，而以大同平世之道行之，亦徒致亂而已。」

說，別有會意，兩者交融互匯，因而形成其獨特之因時進化思想，
且用此思想，以詮釋古籍，以印證心得。（〈康有爲《論語注》中之
進化思想〉）

「三世進化之義」中的「三世」架構，來自中國傳統學術的公羊學；而「進
化」則受到西學，特別是「社會達爾文主義」的啓發。所以誠如黃俊傑先生
研究結果──《孟子微》是「調融」中西思想的產物。

一、「三世進化之義」的中國傳統學術淵源

「三世進化之義」的中國傳統學術淵源，最主要爲公羊學的「張三世」。
〔註8〕在《公羊傳》中，有三處出現「所見異詞，所聞異詞，所傳聞異詞」
的語句。這句話的原義，可能是《公羊傳》的作者對於《春秋》經中的某些
事件，因該事件發生的時間久遠，而「見者」、「聞者」、「傳聞者」的說法都
不一樣，彼此之間存有「異詞」，因此作者不能對該事件作精確的記錄。例
如：

《春秋》云：「隱公元年十二月。公子益師卒。」

《公羊傳》解云：「公子益師卒，何以不日？遠也。所見異詞，所聞
異詞，所傳聞異詞。」

這種因事件發生久遠，不能詳考而存有「異詞」、說法不同的現象，在史書中
是常見的。

但到了西漢董仲舒，卻將這一句話加以引申，以「有見」、「有聞」、「有
傳聞」爲界，將魯國十二世分爲三個階段。

《春秋》分十二世以爲三等，有見、有聞、有傳聞。有見三世、有
聞四世、有傳聞五世。故昭、定、哀，君子（按：指孔子）之所見
也；襄、成、宣、文，君子之所聞也；僖、閔、莊、桓、隱，君子

〔註8〕 公羊學的主旨爲「三科九旨」。「三科」者，即「通三統」、「張三世」、「異內
外」；至於「九旨」則爲「三科」的細目，分併於「三科」之中。「三科」的
強調與發展，因時代而有不同。如漢代，爲了替新成立的漢朝政權合理化，
特重「通三統」，說明朝代正統的更替得自於天，有其循環的必然性；到了宋
代，外患頻仍，故士人特重「異內外」一科，強調「內」與「外」、中原與夷
狄的對立；到了清代，由於外族入主中原，「異內外」一科，再度成爲探討的
重點，只是清人不再如宋人一樣強調「夷夏大防」，而重新詮釋爲「夷狄入中
國，則中國之」，爲滿人政權合理化。至於對「張三世」的重視與發展，則有
待於清中葉常州學派龔自珍、魏源之後，到了康有爲而集大成。

> 之所傳聞也。所見六十一年、所聞八十五年、所傳聞九十六年。(《春
> 秋繁露・楚莊王》)

昭、定、哀三世稱爲「有見三世」。這是因爲孔子生於這三世，所以對這三世
所發生的事件，皆能親眼目睹，即「君子之所見也」；至於孔子未出生前的魯
國九世，當然不能目睹，只能靠「傳聞」，故稱這九世爲「有聞四世」、「有傳
聞五世」。這樣的區分，對董仲舒而言，其實沒有特別的用義，只是用來說明
「辭與情俱」的現象而已，即所謂「於所見微其辭，於所聞痛其禍，於傳聞
殺其恩，辭與情俱也。」(《春秋繁露・楚莊王》) 也就是說，「基於情感的因
素」，孔子對於自己當世發生的事件，在發表看法時，只能隱約其辭，微加諷
喻，「不好意思」大加撻伐；相對地，對於久遠的事，因「年久恩淺」，所以
可以直言其詳，無庸避忌。這也就是董仲舒所謂的「吾見其近近而遠遠，親
親而疏疏也。」(《春秋繁露・楚莊王》)

到了東漢何休，接受董仲舒的說法，並加以引申：

> 於所傳聞之世，見治起於衰亂之中，用心尚麤觕，故內其國而外諸
> 夏，先詳內而後治外。……於所聞之世，見治升平，內諸夏而外夷
> 狄，……至所見之世，著治太平，夷狄進至於爵，天下遠近小大若
> 一，用心尤深而詳。(《春秋公羊經傳解詁》，「隱公元年十二月公子
> 益師卒」條下注。)

何休在三世的劃分上與董仲舒一致。但他突破了董仲舒「辭與情俱」的情感
因素和筆法特點，增添了簡單的社會歷史內容。「所傳聞世」處於亂世之中，
諸侯割據，華夏尚未統一，諸侯只能「內其國而外諸夏」；到了「所聞世」，
實現升平，諸侯割據結束，華夏統一，於是「內諸夏而外夷狄」；最後到了「所
見世」，進入太平盛世，天下大一統，「夷狄進至於爵，天下遠近小大若一。」
何休的說法，隱含了一種「進化」的歷史觀。〔註9〕

到了清代中葉以後，常州學派興起，公羊學漸盛。「三世」思想的發展，
到了龔自珍開始受到重視。首先，在三世史觀的建構方面。龔自珍〈乙丙之
際著議〉中說：

〔註9〕 但是這種說法並不符合眞實的魯國歷史，事實上正好相反。因爲在《春秋》
中，魯國政治是越後越亂的，如昭、定、哀之際，不是大一統的「太平世」，
而是日趨分裂的時期。因此何休說昭、定、哀爲「太平世」，只是「文致太平」，
即理想之太平耳！

> 吾聞深於《春秋》者，其論史者，曰：書契以降，世有三等，三等
> 之世，皆觀其才。才之差者，治世爲一等，亂世爲一等，衰世別爲
> 一等。（《定盦文集》，頁8）

他將二世解釋爲「治世」、「亂世」與「衰世」和原本的公羊三世——據亂（所傳聞世）、升平（所聞世）、太平（所見世）不同，同時也不合乎「世越後越治」的原則。然而龔自珍所重視的並不在「三等之世」，而是「人才」，尤其是「衰世」的人才問題。

其次，龔自珍認爲「三世非徒《春秋》法」，可以運用至其他典籍。例如「〈洪範〉八政配三世」、「公劉之詩於三世何屬也？……有據亂、有升平。」他擴大、延伸了「三世說」的適用範圍，以「三世」的模式去理解《詩》、《書》等古籍。

到了魏源，提出了自己的「三世」觀念，並用這個模型來解釋中國歷史的發展。他說：「三皇以後、秦以前，一氣運焉；漢以後、元以前，一氣運焉。」（《古微堂內集》，三：十）在「氣運」遞變當中，隱約指出了一種歷史循環的模式。更重要的是在「氣運」循環變換的模式底下，魏源提出了變法的主張。他說：「天下無數百年不弊之法，無窮極不變之法，無不除弊而能興利之法，無不易簡而能變通之法。」（《古微堂外集》，（淮南，1878）七：十六）

廖平是繼魏源之後的公羊大家，同時也是影響康有爲思想由古文經轉向今文經的關鍵人物。廖平在三世思想的發展上，主要是在魏源變法的要求下，提出一套具體變法的制度與方向。他選擇了《禮記》中的〈王制〉，將它說成是孔子的「素王新制」，並強調〈王制〉中「二伯」和「方伯」的地位。「以今制喻之，京師如周，南北洋大臣如二伯，行省督撫如方伯。」（《何氏公羊春秋十論》）他以清末的政軍制度和〈王制〉相比附，目的是藉由突出「二伯」和「方伯」的地位，來強化南、北洋大臣及督撫的功能。言下之意則是希望藉由地方大臣來領導變法維新。

以上是公羊學說中「張三世」思想的發展歷程。如果以這個淵源和康有爲的三世說作比較，則可以輕易地發現，康氏傳承的部分，遠遠超過獨創的地方。理由是：

1. 在何休的公羊思想中，首先，三世的遞變已隱含「進化」的意味，但限於魯史，而康有爲則強調人類歷史進化的必然性與急迫性，並將進化的解釋範圍，由《春秋》魯史擴大至全世界，乃至於全宇宙。其次，何休將孔子

「神格化」，可視爲康有爲提倡「孔教」的先聲。

2. 龔自珍認爲「三世非徒《春秋》法」，可以運用至其他典籍。將「三世」的運用，突破《春秋》、《公羊傳》的原本範疇，甚至用以解《詩》、《書》等。故康有爲也可以用「三世說」，遍註儒家經典，當然這也包含了《孟子》一書。

3. 魏源以公羊「三世」比附中國歷史的發展。故康有爲也可以加以利用，甚至類推，將「三世」比附全世界各國、各個民族的歷史發展。

4. 魏源以三世爲「氣運」的必然循環，所以「天下無數百年不弊之法」，進而主張變法，將三世的循環與變法的必要相結合。這一點康有爲扣得最緊。所以他提倡「三世進化之義」，無異也是在宣揚變法維新。

5. 廖平以「王制」爲變法的藍圖，以南、北洋大臣及督撫作爲推動變法維新的主角。相較之下，康有爲則以西方政治、文化發展爲中國變法努力的範本，而以光緒，乃至於自身，擔負起變法維新的主角。

基於以上的理由，可以確定地說，康有爲「三世進化之義」乃是繼承傳統公羊學說中「三世」的觀念。可以說是集大成者，而非獨創者。但是康氏的說法，還是有其新意，因爲他將中國的三世思想和西方學術相結合。

二、「三世進化之義」的西方學術淵源

關於「三世進化之義」的西方學術淵源方面，在〈從「孟子微」看康有爲對中西思想的調融〉一文中。黃先生從「民主、自由與平等」、「社會進化與經濟發展」兩大方面加以探討，說明康有爲如何借用西方學術觀念，並且將其調融在孟子的思想當中。該文論述已甚爲完備，足敷本文參考，故舉其犖犖大者，節錄於下：

（一）民主政治思想

康有爲取《孟子》「民本」及其相關思想，與近代西方的民主、自由、平等等觀念互相闡發。他以西方的民主政治觀念來闡發孟子的民本思想。《孟子微》全書中有許多證據可以說明這項事實，例如註解《孟子·梁惠王下》：「左右皆曰賢，未可也；諸大夫皆曰賢，未可也；國人皆曰賢，然後察之，見賢焉，然後用之。」云：

> 此孟子特明升平、授民權、開議院之制。蓋今之立憲體，君民共主
> 法也。今英、德、奧、義、日、葡、比、荷、日本皆行之。左右者，

行政官及元老顧問官也；諸大夫，上議院也。一切政法以下議院爲
與民共之，以國者國人公共之物，當與民公任之也。孔子之爲洪範
曰：「謀及卿士、謀及庶人」是也；堯之師錫眾曰：「盤庚之命，眾
至庭。」皆是民權共政之體，孔子創立，而孟子述之。〈總論第一〉

在《孟子》中，「民本」只是個理想的信念，而康有爲卻將此一概念具體化，
以西方民主政治、議院制度加以比附。

然則所謂「授民權、開議院」之民主政治的成立基礎爲何？康有爲認爲
統治者之合法性（legitimacy）乃是基於被統治者的委任、授權，故統治者與
人民之間實具有一種類似契約的關係。故他解釋《孟子》「民爲貴，社稷次之，
君爲輕」時，云：

此孟子立民主之制、太平之法也。蓋國之爲國，聚民而成之，天生
民而利樂之，民聚則謀公共安全之事，故一切禮樂政法，皆以爲民
也。但民事眾多，不能人人自爲，公共之事，必公與人任之。所謂
君者，代眾民任此公共保全安樂之事，爲眾民之所公舉，即爲眾民
之所公用。民者，如店肆之東人；君者，乃聘雇之司理人耳。民爲
主而君爲客，民爲主而君爲僕，故民貴而君賤，易明也。眾民所歸
乃舉爲民主，如美法之總統。然總統得任群官，群官得任庶僚，所
謂「得乎丘民爲天子，得乎天子爲諸侯，得乎諸侯爲大夫」也。今
法、美、瑞士及南美各國皆行之，近於大同之世，天下爲公、選賢
與能也。孟子早已發明之。

這種說法與洛克（John Locke, 1632～1704）解解釋人類政治社會源起時，所持
的社會契約說（Social contract）相似。孟子政治思想中的「民本」信念原非基
於「社會契約」的原理，但康有爲取西方此一觀念來釋孟，使孟子「得乎丘
民而爲天子」一詞獲得新詮，確爲傳統儒學別開生面。康有爲對「社會契約
說」持之甚篤，屢次加以強調，例如他解釋《孟子》「殘賊之人謂之一夫」時，
云：「民者，天所生也；國者，民共立也。民各營其私業，必當有人代執其公
事，如一公司之有千萬分，不能不舉一司理人以代理焉。君者，國民之代理
人也。」由此可見康氏對「社會契約說」持論前後一貫，成爲他以西方的「民
主」觀念解釋孟了「民本」思想的重要基礎。

康有爲非常嚮往西方民主政治，將其視爲三世中太平世的政治型態；並
且將美國總統華盛頓比喻成中國的堯舜。他充分利用《孟子》中「民本」的

概念，與西方「民主」政治觀念接軌。在《孟子微》中，大談西方民主政治以作爲中國政治改革的方向。

（二）社會達爾文主義

「社會達爾文主義」（Social Darwinism）思潮在清末時進入中國，成爲清末主張變法及革命兩派人物的重要思想根據。1898 年至 1905 年之間，中國知識份子對社會達爾文主義信持最篤，嚴復尤爲代表人物。康有爲也深受這股思潮的洗禮。通讀《孟子微》全書，我們發現康有爲深受社會達爾文主義的洗禮，並且透過對孟學的詮釋而努力地把社會達爾文主義與先秦孟學整合爲一。例如在〈闢異第十八〉中暢談社會進化的程序：

> 草昧初開，爲大鳥獸之世，及人類漸繁，猶日與禽獸爭，今亞、非洲中央猶然。……中古，人與人爭地，故以滅國俘虜爲大功；上古，人與獸爭，故以烈山澤、逐禽獸爲大功。堯舜之時獸蹄鳥跡之道交於中國；至周公時，尚以兼夷狄、驅猛獸爲言；今則中原之地，猛獸絕跡、田獵無取；此後人道大強，獸類將滅，蓋生存競爭之理，人智則滅獸，文明之國則併野蠻，優勝劣敗，出自天然，而所以爲功者，亦與時而推移。

在以上這段論述中，提到「生存競爭」、「優勝劣敗」等觀念，顯然來自十九世紀晚期的社會達爾文主義，而不見於先秦儒家思想傳統。

康有爲取社會達爾文主義「自然淘汰」的觀念，認爲國與國之間的發展，乃由「多」演化爲「一」，這是人類社會進化的定理。例如〈仁不仁第七〉云：

> 若天下之定於一，此乃進化自然之理。……故禹時萬國，湯時三千國，武王時千七百國，春秋時兼并餘二百餘國，孟子時七國，卒并於秦。漢時開隴、蜀、粵、閩、交趾，通西域三十六國，至元時奄有印度、波斯、天方西伯利部而一亞洲。即泰西亦自亞歷山大兼并希臘十二國，埃及、波斯、羅馬繼之，乃成大國。凡大地皆自小併至大，將來地球亦必合一，蓋物理積併之自然。……孟子此言蓋出於孔子大一統之義，將來必混合地球，無復分別國土，乃爲定於一大一統之徵，然後太平大同之效乃至也。

這一段論述貫通中西思想，亦與康氏所著《大同書》所謂「破除九界」以建立「大同之世」的政治思想互相呼應。

《孟子微》中，康有爲之所以特別強調社會達爾文主義的「自然淘汰」

觀念，最主要的原因是康有為所處的時代背景使然。十九世紀末的中國在列強侵逼之下，危機日益深刻，但清廷尚不知覺醒，「頃者，萬國交偪，而我猶移海軍、鐵路之費以築頤和園，則臺灣、旅順先失矣。」(〈仁不仁第七〉)「近者鳳凰城破而傳戲稱壽不休，臺灣賠割而泄沓怠傲如故。」中國之沉淪如是；而「如今萬國爭於自存，德俄且窮國力為之，舉國為兵，刻日可備。」兩者構成強烈的對比。所謂「人道競爭，天之理也。不仁而般樂怠敖，人將俟之。」康有為感嘆地說：

> 某於十年之前上書，言及今變法為未雨之綢繆，僅可為之，過是不及，卒至大禍。每讀是篇，不能不掩面流涕也。夫桓、靈早戒，何至有黃巾之亂；徽、欽早備，何至有金人之禍？後之視今，猶今之視昔，念我邦族，哀我種人，何為不可活若是乎！

康有為眼觀世界的競爭，胸懷國家民族的困境，認為唯有及時變法，中華民族才不至於被世界潮流所淘汰。基於這股生存競爭的急迫性，所以對社會達爾文主義特別感興趣，認為係中國所急需，因此取之以詮釋《孟子》。

肆、康有為調和中西思想的契機

在《孟子微》當中，康有為的三世進化之義，乃是以公羊學「三世說」為架構，加入了西方民主思想與社會達爾文主義等，調和了中西學術。然而，康有為與西學的關係為何？為何可以肯定西方民主政治乃至於西學將是清末中國的出路？又為何選定公羊學作為收攝西學的架構？

一、康有為與西學的關係

關於康有為對西學的態度方面。康有為認為人類的進化，雖然以孔子的「仁」為進化的原動力，但他卻同時強調要「以智輔仁」，具有強烈重「智」的傾向。如「孔子多言仁智，孟子多言仁義，然禽獸所以異於人者，為其不智也。」(《春秋董氏學卷六·春秋微言大義第六下》) 又：「《洪範》曰：『思曰睿，睿作聖。』……睿智可以作聖，故思最為人之主要矣。」(《孟子微·心身第三》)「若君子所性，從無始來，積仁積智而習成，經歷萬變而不變。」(〈總論第一〉) 一再強調思、「智」的重要。他認為西學即是「智學」。西方之所以強盛，乃在「智學之興」。〔註10〕同時智學也是人類進化的主力，如進

〔註10〕康有為在《上清帝第一書》中說：「近者洋人智學之興，器藝之奇，地利之闢，

化的最後階段——太平世，屆時「眾生如一，必戒殺生」（〈總論第一〉），但戒殺生的理由，不是孔子「仁」或慈悲心的發揚，也不是道德的節欲，而是因爲「當時物理化學日精，必能制物代肉。」（同上）可見康有爲認爲人類的美好未來，非中國傳統內聖的道德修養工夫所致，乃是借助西方科學之力。這同時暗示了清末中國問題的解決之道，在於向西方學習。

根據《年譜》的自述，康有爲早在光緒五年，就曾與西書接觸，「既而得《西國近事彙編》、《環游地球新錄》及西書數種覽之。」並且到香港遊覽，對於當地「宮室之瑰麗，道路之整潔，巡捕之嚴密。」留下深刻的印象，「乃始知西人治國有法度，不得以古舊之夷狄視之。」於是「復閱《海國圖志》、《瀛環志略》等書，購「地球圖」漸收西學之學，爲講西學之基矣！」

光緒八年夏天，落榜南歸，路經上海，看到租界的繁榮，「益知西人治術之有本，大購西書以歸。」「十一月還家，自是大講西學，始盡釋故見。」西學使康有爲的學術觀點有了重大的改變。

光緒十一年二月二十三日，康有爲「頭痛大作，幾死……檢視書記遺稿，從容待死，乃手定大同之制，名曰《人類公理》。」在中醫束手無策之下，「即而得西醫書讀之，以信西學之故，創試西藥，如方爲之，乃漸效。」這個救命的際遇，使他對於西學更加地相信。而臨死前的「聞道」之作——《人類公理》，該書的架構與理論，不採用中國傳統學術，而是以「算學」、「幾何」爲之，可見他對西學的自得與推崇。

由於康有爲對西學，以及西方文化有某種深度的認識，再加上西醫曾有救命之恩，這樣的認識與經歷，必然使其相信，解決中國當前的困境在於西學、「智學」；而中國努力的方向，和西方文化走向是相同。所以他模仿基督教而爲孔教，將美國華盛頓比喻爲中國的堯、舜，〔註11〕而中國未來太平世的政治型態即西方的民主政治。因此，所謂的「三世」也就成爲一種步驟、一段向西方學習的歷程。

雖然康有爲肯定西學是當時中國的出路，但是若要直接宣揚、使一般士

日新月異。今海外略地已竟，合而伺我，真非常之變局也。」
〔註11〕 〈總論第一〉云：「後世有華盛頓其人，雖生不必中國，而苟符合舜、文，固聖人所心許也。」又「華盛頓之高蹈大讓」（〈性命第二〉）「讓天下如堯、舜、華盛頓，舍身家如佛，立心思之魂靈者也。」（〈心身第三〉）「……華盛頓……，大義獨倡，爲太平世之永法矣！」（〈同民第十〉）

人接受，恐怕不容易，除非在傳統學術找到可以依附的理論架構，當然最好還可以與孔子扯上關係，借用孔子名義來推行西學則效果最大。

二、康有爲與公羊學的關係

「三世說」是公羊學的「三科」之一，屬於今文經的範疇。但康有爲早年酷好《周禮》，尊崇周公，原本偏重古文經典的，「吾嚮亦受古文經說」（〈僞經考後〉）。十九歲時，從學朱次琦，〔註 12〕主要攻讀《周禮》、《爾雅》、《說文》等古文經典，後來寫作《何氏糾謬》、《政學通議》等書，也都遵從古文經學的立場。

光緒十六年，四川今文經學家廖平應兩廣總督張之洞之邀，來到了廣州，住進羊城的廣雅書院。康有爲從沈子培（曾植）得見廖氏的著作，於是約朋友黃季度（紹憲）一同前往拜會。由於今古文經的立場、見解不同，所以當康有爲會見廖平，在談論學術見解時，論點多不相同。但是不久之後，康有爲治學的路線即由古文經學轉向今文經學。

在會見廖平之後的八年（光緒十七至二十四年）當中，康有爲將所有的精力投注到今文經學上，大講今文經學。並於隔年七月（光緒十七年）發表類似廖平〈辟劉篇〉的《新學僞經考》；於光緒二十三年冬（次年即發生戊戌變法）刊行《孔子改制考》，此書又與廖氏〈知聖篇〉相似。這兩本書是康有爲變法思想的依據與權威。《新學僞經考》刊行時，廖平譏爲「倚馬成書，眞絕倫也。」認爲康有爲剿襲，但康有爲則一字不曾提及廖平和他的著作。有學者直斥康有爲抄襲，包括弟子梁啓超，但也有持反對意見者。於是康廖「羊城之會」就成了學術界的公案。〔註 13〕

關於「羊城之會」後，康有爲的學術路線，由原本古文經學轉向今文經的公羊思想，這種快速的轉變，有一合理的推測：那就是康有爲在光緒十六之前，已充分肯定西學，認爲西學可以拯救清末中國，但直接宣揚西學在當時中國並不容易，等到和廖平接觸之後，康有爲以一個政治改革家特有的敏銳與靈活，領悟到：今文經學可以結合西學成爲變法思想的利器。主要原因如下：

1. 如果發揮廖平〈知聖篇〉孔子「素王改制」的觀點，樹立起一位改革的

〔註 12〕 朱次琦（西元 1807～1881），字浩虔，一字子襄，號稚圭。講學於九江禮山草堂，世人尊稱爲「九江先生」。

〔註 13〕 關於「羊城之會」，可參考筆者所作〈論思想啓發──以康有爲「羊城之會」爲例〉，第七屆南區五校中國文學系研究生學術論文研討會，民國 90 年 4 月 28 日。

聖人典範，那麼自己在提倡變法改制的運動上，就有了歷史依據和權威。

2. 清代古文經學盛行，守舊派的學問思想，多以古文經爲主，因此如果發揮〈辟劉篇〉的觀點，認爲古文經皆爲劉歆所僞作，非儒家眞傳，如此一來，守舊派在學術立場上將站不住腳了。

3. 公羊學「張三世」隱含了歷史進化的觀點，這和「社會達爾文主義」的進化論相契合，如此一來，中、西學之間就有交集，而有了「調和」的可能。同時進化論「弱肉強食」、「適者生存」的觀念，正好可以作爲清末中國不得不變法的強烈理由。〔註14〕

4. 西方的文化，尤其是民主政治，乃是康有爲所嚮往的，它可以與公羊學的「三世」架構相結合，作爲中國變法維新的具體方向。

以上四點，可能是康有爲接受公羊學的原因。除此之外，還有一點可作參考。那就是公羊學的主旨爲「三科」——「通三統」、「張三世」、「異內外」。「三科」發展常因時代的不同而有所偏重。如清中葉常州學派發展的重點在於「異內外」一科，但他們的目的主要在於爲滿人的政權合理化，不再如宋代的一樣強調「內」、「外」的「夷夏大防」。他們得到的結論是「夷狄入中國則中國之」，主張由「文化」而非「種族」的角度去判「內」與「外」、「夷」與「夏」的區別。公羊學發展至此，已建立了包容外族的雅量。既然清中葉的公羊學家可以包容滿人，清末當然也可以包容新的外族——洋人。所以康有爲以公羊學爲基礎來面對西學，則已有前例可循。

因此光緒十六年的康、廖「羊城之會」，給康有爲帶來了靈感，讓他在中國傳統學術中，找到了西學的容身之處，使得中西學術的調和產生了契機，進而建立其變法的思想、依據與方向。

伍、康有爲調和中西思想的方法

康有爲的「三世進化之義」，乃是以中國傳統公羊學說的「三世」爲主要構架，加入西學的「進化論」，並且安插、收攝中、西方各種學術、理論、文化等現象。在《孟子微》八卷、十八章中，康有爲將《孟子》中提到的觀念、

〔註14〕 光緒二十二年，嚴復始翻譯赫胥黎《天演論》，乃在光緒十六年「羊城之會」後。但梁啓超說：「書中之言，啓超等昔嘗有所聞於南海而未盡。」（西元1896年〈與嚴幼陵先生書〉，轉引自鍾賢培：《康有爲思想研究》，頁140。）可知康有爲在廣州講學時，早已對弟子們談及「進化論」的相關內容，早在嚴復譯書之前。故康有爲西學的進化思想並非來自嚴復翻譯的《天演論》。

思想、事物，以及西學等，皆比附、歸納、收攝在「三世」當中。如政治方面，製表如下：

據亂世	升平世	太平世
尙君主	君民共主	民主政治
封建諸侯	授民權、開議院	民主政治
去太夫	去諸侯	去天子
家天下	家天下	公天下
文王	文王	堯、舜、華盛頓
重刑		
議貴之條	犯罪皆同	
以力服人		以德服人

又如經濟方面：

據亂世	升平世	太平世
人少，專於農田	人繁，兼於工商	一切皆成爲大公司
	田產平均，人人無甚富貧	均無貧，安無傾
貢	助	徹

甚至連傳統的心性論，也爲「三世」所收攝。如「蓋言性惡者，亂世之法，……言性善者，平世之法。」（〈總論第一〉）在人性論上，康有爲並不堅守孟子的「性善說」，而偏向於董仲舒的「性三等說」，將人性分爲上智、中人、下愚三等。如果人的心性有三世精粗之別，那麼相應地，修養的工夫也將因三世人心而有所不同。如：

> 荀卿傳《禮》，……。禮者，防檢於外，行於當時，故僅有小康據亂世之制，而大同以時未可，蓋難言之。（〈自序一〉）

> ……《論語》曰「克己」，佛氏「降伏其心」，當據亂世之生人，熏習累生之惡業惡識，正不能不用之。（〈性命第二〉）

> 如孟子以擴充普度，直捷放下，……此乃爲上根人語，爲太平世說，粗下之人，亂世之時，不易承當耳。（〈性命第二〉）

亂世人心貪惡，修養工夫重在「克己」、守禮；平世人心進化爲和善，則孟子

的擴充工夫，就可以派上用場了。〔註15〕

「三世」的架構在康有爲的運用之下，幾乎可以收攝並調和任何中、西方的思想。康有爲調和中西思想的方法，可以粗分爲三個主要步驟：

第一，找出共相

欲將兩個不同性質的思想加以調和，首先要做的工作是「找出共相」，也就是從兩個思想理論中，找出「共同點」、交集。

中國傳統公羊學「三世說」發展過程中，已隱含了進化的傾向，這點可以輕易和西學「社會達爾文主義」的進化論相契合。找出接軌的共同點之後，接下來是「主從」的問題。在中國的傳統學術環境中，當然是以中學爲主、爲體，而孔子也就「理所當然」地成爲兩股學術思想的領導者。

但孔子怎麼會知道西學、西方文化，乃至於民主政治、重商觀念呢？這個問題在《孟子微》中，並不見康有爲的解釋，好像這個問題不曾存在似的。他的作法是將西方好的文化和思想，都說成是直接來自孔子，或者皆可以在孔子思想中找到源頭。例如：

> 英人傅氏言資生學者，亦有均民授田之議。傅氏欲千人分十里地以生殖，千人中士農工商之業通力合作，各食其祿。此則孔子分建之法，但小之耳，終不能外孔子之意矣。……近美國大倡均富產業之說，百年後必行孔子均義，此爲太平之基哉！（〈總論第一〉）

又如：

> ……孟子特明升平授民權、開議院之制，……今英、德、奧、意、日、葡、比、荷、日本皆行之，……皆是民權並政之體，孔子創立，而孟子述之。……孟子立民主之制，……如美、法之總統。然總統得任群官，群官得任庶僚，……今法、美、瑞士及南美各國皆行之，孟子已早發明之。（〈總論第一〉）

類似的例子在《孟子微》中幾乎俯拾皆是，不可勝數。在公羊學家的心目中，孔子蒼帝降精轉世，無所不能，孔子具有「仰推天命，俯察時變，卻觀未來，豫解無窮」的神力，或許只能由這個角度，去了解孔子爲何懂清末的西學。西學乃是孔子爲清末的中國所預作「撥亂之法」的「智學」。孔子是人類的規

〔註15〕那麼清末的人心是屬於哪一世呢？答案是「據亂世」他說：「……今者亂世之人心，皆從大鳥大獸，期爭齧食而來，又從太古漁獵而至，積無量世殺心而有今日，故貪殺之心極盛。」（〈仁不仁第七〉）

劃者，他不僅是中國學術的代表，同時也是西學的創始者。西方的強盛，乃在於「智學之興」，實踐了孔子的「三世進化之義」。當然這種講法是「託古」的運用，肯定西學的不是孔子而是康有為自己。將西學的淵源說成來自孔子的最大好處，那就是可以去除「本位主義」的心結。因為西學既然也是孔子的，那麼清末的中國人犯不著不好意思去學習。

所以由公羊三世進化的特色，與西方進化論相類似，進而將孔子塑造成中西學的創始者。這同時也為中西思想的調和找到了交集。

第二，標立架構

找出兩個思想的交集之後，接著以先前習用的思想為架構主體，進行「比附」、「類比」的工作。漸漸「收攝」所欲調和的對象。

康有為「三世」說是一個深具彈性且包含甚廣的理論架構。「三世」的「三」只是粗略的說法，必要時還可以將它「繁複化」，〔註16〕所謂「一世之中有三世，故可推為九世，又可推為八十一世，以至於無窮。」（〈總論第一〉）將「三世」「繁複化」的理由是因為簡單的「三世」，無法涵蓋並詮釋萬事、萬物。

「三世」不但是以「時間」為架構，還可以延伸為「空間」的架構，也就是同一時間、同一進化階段中，有三個地點、民族同時「因時進化」。

> 蓋嘗論之，以古今之世言之，有據亂、升平、太平之殊，不可少易；
> 而以大地之世言之，則亦有撥亂、升平、太平之殊，而不可去一也。
>
> （《中庸注》「萬物並育而不相害，道並行而不悖」條下注）

康有為舉例說：

> 即以今世推之，中國之苗猺狪、南洋之巫來由吉寧人、非洲之黑人、
> 美洲之煙剪人，今據亂世之據亂矣；印度、土耳其、波斯頗有禮教
> 政治，可謂據亂之升平矣；若美國之人人自主，可謂據亂之太平矣。
>
> （同上）

原本「三世」是依「古今」、「時間」為進化方向的。加入了「大地」、「空間」的方向之後。於是「三世」所涵蓋的範圍，包含了「古今」、「中外」，「外而推之諸天」（〈總論第一〉），「推之火土諸星之生人」，「內而推之微生物，莫不

〔註16〕 「三世」的發展，在龔自珍、廖平等人時，已有「繁複化」的運用。例如龔
自珍的「〈洪範〉八政配三世，八政又各有三世。」「萬物一而立，再而反，
三而如初。」廖平的「細變無慮數十，大異約分為九，所見三異、所聞三異、
所傳聞三異。」

皆然」，這已經到了無所不包的地步。在這種狀況底下，任何中西學的概念或制度只要稍加安插，都可以在「三世」架構中找到應有的地位，而爲「三世」架構所含攝。

第三，安排殊相

由於中西學術具有共同點，而公羊學的「三世」架構也有足夠彈性空間可以收攝對象，但是中西學之間究竟有所不同。因此，在標立三世架構，安插各種觀念的同時，也是爲了要去除思想之間的「差異性」。「三世」即是以「分等」的方式（分屬「三世」中的不同「世」），去除彼此的對立現象。〔註17〕以《孟子微》中的「心性論」爲例。對於人性的觀點，有「性善」、「性惡」、「善惡混」等說法，康有爲認爲這些說法「表面」雖然不同，但是它們的「主旨」都是「向善的」。因爲孟子主張「性善」則加以「擴充」、荀子主張「性惡」則加以「防檢」，揚雄主張「善惡混」則加以「教化」。故三人的目的都是使人「向善的」。所謂「若其直義，則一而已」。但事實上，「性善」與「性惡」是直接「對立」的。要如何處理這個矛盾呢？康有爲用「分等」的技巧，所謂「蓋言性惡者，亂世之法，……言性善者，平世之法。」（〈總論第一〉）如此則將它們錯開，同時解消了彼此的對立。〔註18〕

中西學的任含觀念或制度，皆可以在「繁複化」的三世架構中找到定位，進而「調融合一」。因此在《孟子微》中幾乎找不到「對立」的觀念，而出現「相資以成用」的說法：

> 精粗本末皆不可缺，而亦不能相輕也。如東西牆之相反，而相須以成屋也；如水火、舟車、冰炭之相反，而相資以成用也。（〈自序一〉）
> 不義之中有義，義之中有不義，辭不能及，皆在於指，非精心達思者，其孰能知之。（〈仁不仁第七〉）

「精心達思」或許是思想發展到最後的「圓融」境界，但是也因此使得「三世進化之義」顯得空泛、附會而圓滑。

〔註17〕 這種以「分等」來解消對立的方式並非康有爲所獨創。如廖平在處理今、古文學的對立時，也運用了這個技巧，他以今文經爲孔子「壯年之學」，古文經爲「晚年之學」進而主張「今古中分」。甚至明代王陽明的「朱子晚年定論」背後的目的，也是希望藉由「分等」來解消對立。

〔註18〕 隨著調和對象增加，「分等」的數目也隨之增加，這也就是爲什麼康有爲要將「三世」「繁複化」的原因。

陸、結　論

　　康有爲先自得於西學，並且認爲西方的學術、制度，尤其是民主政治的歷程，乃是當時清末中國變法、學習的具體方向。但是如果直接宣揚西學，效果恐怕不大，除非在中國傳統學術中找到依據。由於這股「期待」，故光緒十六年「羊城之會」廖平的公羊思想，使得康有爲迅速受到啓發。治學由原本的古文經學轉向今文經學，在公羊學中找到孔子「三世說」，作爲中西思想調和的架構和起點。所以「羊城之會」可以說是康有爲調和中西思想的重要契機。

　　在中西思想調和的方法上。首先，康有爲在中西學之間找到了「交集」，那就是突顯公羊「三世」的「進化」意義，作爲與西方「進化論」相接軌。又將孔子的地位，突破國籍的限制，使其學貫古今、中西。如此一來，則西學成了孔子學說的延伸，而西方民主制度等，則爲孔子思想的實踐；其次，既然中、西皆爲孔子的思想，那麼該如何安排呢？康有爲以「三世」--「據亂世」、「升平世」、「太平世」，將中、西各種不同的思想說法，分屬三個層次，收攝在三世當中。如此一來，思想、概念之間的「差異性」、「殊相」，就不至於造成對立，而調和了中西思想。

　　新時代需要新思潮。就康有爲的認識，純綷的中國學術，已不足以救時弊，但它存在已久，有其「權威性」；相對地，這也是西學所欠缺的。西學具有時代的意義，可以救時弊，但對大部分的中國人而言，畢竟是「新學」，易受排斥。所以它必須藉由融入中國傳統學術以減少對立並求得認同。

　　康有爲的「三世進化之義」，也是屬於「中學爲體，西學爲用」、「中學爲本、西學爲末」的運用。表面上中學雖然爲「體」、爲「本」，卻是「虛體」、「虛本」；西學雖爲「用」、爲「末」，卻是「實用」、「強末」。前者具有傳統的「權威性」，後者具有時代的「實用性」。所以思想調和的目的，在於解決思想間的衝突與對立，新學藉由融入舊學，間接取得認同。故思想發展上出現「調和」的現象，可視爲新思想的「過渡期」、「宣傳期」，它預告並介紹新思潮的來臨。

主要參考書目

1. 康有爲：《康南海自編年譜》，台北：宏業書局有限公司，民國 65 年 9 月 30 日。
2. 蔣貴麟主編：《康南海先生遺著彙刊》，台北：宏業書局有限公司，民國

65 年 9 月 30 日。

3. 孫春在：《清末的公羊思想》，台北：台灣商務印書館，民國 74 年 10 月。

4. 康有爲著、樓宇烈整理：《孟子微》，北京：中華書局，1987 年 9 月。

5. 康有爲：《禮運注》，北京：中華書局，1987 年 9 月。

6. 康有爲：《新學僞經考》，上海：上海古籍出版社，1987 年 10 月。

7. 康有爲：《康有爲全集》，上海：上海古籍出版社，1987 年 10 月。

8. 蕭公權著、汪榮祖譯：《康有爲思想研究》，台北：聯經出版事業公司，民國 77 年 5 月。

9. 鍾賢培：《康有爲思想研究》，廣東：廣東高等教育出版社，1988 年 8 月。

10. 康有爲：《孔子改制考》，北京：中華書局，1989 年 3 月。

11. 康有爲著、樓宇烈整理：《春秋董氏學》，北京：中華書局，1990 年 7 月。

附錄二：康有爲的儒家聖人觀

一、前　言

　　文人面對急需改革的政局，思考解救之方時，最直接的材料就是他所熟悉、信任的傳統學術，從中找尋救世的理論，以及支持該理論的力量。在中國傳統文化中，最具學術權威的莫過於儒家思想，所以康有爲在建構其變法思想時，孔子「想當然爾」就成了主角，成爲清末內憂外患的「救世主」。他運用孔孟「內聖」的既有特質，進一步將儒學推升爲「儒教」，將「孔子」的定位由原本哲學性的意涵提升至宗教性。雖然在中國歷史上儒、釋、道並稱「三教」，但是「儒教」的含教並無宗教的意思，它是指與佛、老並存的另一種意識形態。本文研究的主旨在於了解康有爲的聖人觀。由「聖人的誕生」、「聖學的特色」、「聖學的傳承」、「聖道的中輟」等，嘗試說明康有爲如果建構其心目的聖人角色、聖道傳承、進而了解中國思想的發展與時代的脈動往往有密不可分的關係。

二、聖人的誕生

　　關於孔子的「身分」，司馬遷說：「孔子布衣」、「孔子貧且賤」，根據《史記·孔子世家》的記載，孔子曾擔任過的官職依序是「嘗爲季氏史」，「嘗爲司職吏」，魯定公八年，「以孔子爲中都宰」，一年之後，「由中都宰爲司空」、「由司空爲大司寇」，到了定公十四年，孔子五十六歲，「由大司寇行攝相事」。此後，孔子週遊列國十四年，最後回到魯國，「然魯終不能用孔子，孔子亦不

求仕。」故就史實而言，孔子最高的職位爲「大司寇行攝相事」，終爲人臣，並沒有爲「王」的事實。然而，這是史實，也是史學家的看法，公羊學家並不這樣認爲。

董仲舒以孔子爲「新王」，在《春秋繁露》中說：「《春秋》應天，作新王之事。」「有非力之所能致者，西狩獲麟受命之符是也。然後託乎《春秋》正不正之間，而明改制之義。」（《春秋繁露‧符瑞》）他以「西狩獲麟」作爲孔子受天命的「符瑞」。董仲舒以孔子爲「素王」，並有「神化」的傾向。到了東漢何休除了接受董氏的「以春秋當新王」之外，更進一步地將孔子「神化」：

> 孔子母徵在游於大冢之陂，睡夢黑帝使請己。已往夢交，語曰：「女乳必於空桑之中。」覺在若感，生邱於空桑之中，故曰元聖。……孔子之胸曰：「制作定，世符運。」（《春秋公羊經傳解詁》「哀公十四年春西狩獲麟」條下注）

在何休的心目中，孔子的出生背景異於凡人，乃黑帝降精轉世。而孔子降世的目的在於爲漢代預「作撥亂之法」：

> ……得麟之后，天下血書魯端門曰：「周姬亡，彗東出；秦政起，胡破術；書記散，孔不絕。」子夏明日往視之，血書飛爲赤鳥，化爲白書，署曰演孔圖，中有作圖制法之狀。孔子仰推天命，俯察時變，卻觀未來，豫解無窮。知漢當繼大亂之后，故作撥亂之法以授之。（同上）

可是生於春秋時代的孔子，怎麼可能「知漢當繼大亂之后」，同時提供一套制度爲後來的漢代所用呢？孔子這種「仰推天命，俯察時變，卻觀未來，豫解無窮。」的能力，已非常人所能。

康有爲繼承董仲舒的說法，以孔子作《春秋》代表「素王改制」的象徵。如「《春秋》作，新王受命。」（《孟子微‧總論第一》）、「《春秋》作，新王改制。」（〈仁政第九〉）、「《春秋》一書爲孔子素王改制之書。」（〈總論第一〉）。並且接受何休將孔子「神格化」的作法。康氏認爲孔子爲「蒼帝降精，此明天所降，生爲聖人，非父母所能。」（〈孝弟第六〉）於是進一步封給孔子「教主」、「教王」的頭銜。如「孔子爲教主，稱『素王』。」（〈總論第一〉）、「故春秋以孔子爲新王，……爲後世之教王者也。」（〈王霸第八〉）

孔子原本爲「天神」，「超然於天人之上，視人間世皆腥膻培塿，視皇王帝霸皆塵垢秕糠，不足當一咉也。」（〈總論第一〉）既然如此，爲何還要「降

世」爲凡人呢？答案是因爲聖人具有「救民患」的慈悲心，「因不忍人之心盛大熱蒸，不能自己耳！」於是降世投胎而爲凡人，「創教改制」，創立「孔教」以普渡眾生。

三、聖學的特色

孟子稱讚孔子爲「聖之時者也」。康有爲也很強調孔子「教義」中「時」的觀念。所謂「聖人之行，隨時地不同。」（〈辨說第十六〉），這是因爲「運有隆污，遇有否泰，不持一義以待人，故（孔子）立三者（按：三者即「三世」）以爲經權常變之用。」（〈貴恥第十四〉）在複雜的現實環境當中，要解決各類的問題，方法不能一成不變，必須要提出不同的因應辦法，要懂得「多方以濟之」，這樣才能「對症下藥」。所以孔子立「三世」之制，即是提出三種不同的方法、制度，以便因應三種不同現實環境的需要，這就是康有爲所謂的「三世進化之義」。這是孔子思想的最大特色，也是孔子能在諸子百家的競爭當中脫穎而出的主因。

孔子立「三世」之制，三世的進化是「因時制宜」的，有一定「進化」的程序。康有爲認爲人類社會的歷史發展，可以分爲三個進化階段，即「據亂世」、「升平世」、「太平世」。人類的發展就沿著這三個階段，由朝「據亂世」而「升平世」，最後到達「太平世」。這是「進化」的必然性，任何人也阻擋不住的歷史潮流。以政治爲例：

> 或民主，或君主，皆因民情所推戴，而爲天命所歸依，不能強也。
> 亂世、升平世、太平世，皆有時命運遇，不能強致，大義則專爲國
> 民。若其因時選革，或民主、或君主、或君民共主，迭爲變遷，皆
> 必有之義，而不能少者也。即如今大地中，三法並存，大約據亂世
> 尚君主，升平世尚君民共主，太平世尚民主矣。（〈同民第十〉）

「據亂世」代表政治最原始的狀況，崇尚君主，屬於「封建諸侯」的型態；到了「升平世」，則進步爲「君民共主」，政府開始授民權、開議院；到了最後的「太平世」，也是政治發展的最高、最後階段。這時人民可以享有完全的自主權，「民主政治」成爲唯一的政治型態。

雖然說「孔子皆設三以待之」，提出三世之制，來因應的人世問題。但是對於人類的發展，只用三種制度加以規劃，似乎顯得有些粗略。因此，康有爲又提出「三」，只是大略的說法，還可以加以細分、繁複化，即所謂「一世

之中有三世，故可推爲九世，又可推爲八十一世，以至於無窮。」（《孟子微‧總論第一》）如此一來，使得三世之制因應的範圍，可以「推於諸星諸天而無窮」。這證明孔子之道大，「孔子無不有」；而且孔道在面對問題時，懂得權變，具有彈性，能因其「世」取其「制」而行，即所謂「發現因時」。孔子具有「因時」的觀念，爲「聖之時者也」。「因時」的聖學特色，使得孔道得以超越先秦諸子和其他宗教之上：

> 就老、墨二教比，墨子「非攻」、「尚同」，實有大同太平之義，……
> 但倡此說於據亂世，教化未至，人道未立之時，未免太速。猶佛氏
> 倡眾生平等，不殺不淫之理於上古，亦不能行也。蓋夏裘冬葛，既
> 易其時以致病，其害政一也。凡「非攻」、「尚同」、「兼愛」之義，
> 眾生平等戒殺之心，固孔子之所有，但孔子無所不有，發現因時耳。
>
> （《孟子微‧闢異第十八》）

墨子與佛陀在據亂世，提倡太平世之法，使其有學說的效用，有如「夏裘冬葛」，不但不能對症下藥，反而害政，不若孔子因時之道的高明。

四、聖學的傳承

康有爲認爲任何宗教或學說創立之後，都需要有後人加以發揚，然後得以大盛，「若佛教之有龍樹，基督教之有保羅是也。」孔子所創立的「孔教」也不例外。孔子首先傳於七十弟子，而後有信徒六萬。到了戰國時，孟子、荀子分別成爲兩大宗師。

雖說「孔子改制創教，傳於七十子，其後學散布天下，徒侶六萬。」孔學因有得力弟子加以傳佈而大盛，但因爲孔子之道包含太廣，而孔子最得意的弟子顏淵早歿，所以後出的弟子在傳承上，難免有「不能盡傳」的遺憾：

> 昔莊生稱孔子之道，原天地，本神明，育萬物，本末精粗，四通六
> 闢，其運無乎不在。後學各得一體，寡能見天地之容，故闇而不明，
> 鬱而不發，而大道遂爲天下裂。嗟夫！蓋顏子早歿，而孔子微言大
> 義不能盡傳矣。（《孟子微‧自序一》）

在不能盡傳於一人的情形下，變成「分傳」的現象。「大道遂爲天下裂」、「後學各得其一體」。

孔學分傳的現象，以孔子「三世」思想爲例。康有爲認爲：

> 子貢傳太平之學，曰：「我不欲人之加諸我，吾亦欲無加諸人。」

> 人己皆平。……有子傳升平之學，其傳在子游、子張、子夏，而子
> 游得大同，傳之子思、孟子。曾子傳據亂世之學，故以省躬寡過爲
> 主，規模少狹隘矣。曾子最老壽，九十餘乃卒，弟子最多，故其道
> 最行。而有子亦早卒，其道不昌，於是孔子之學隘矣，此儒教之不
> 幸也。(《孟子微・闢異第十八》)

「子貢傳太平之學」，子貢說：「我不欲人之加諸我，吾亦欲無加諸人。」這
種「人己皆平」的平等觀，正是「太平世」的主要精神；「曾子傳據亂世之學」，
「據亂世」的特點之一，就是「爲己」，「規模少狹隘矣」，「故以省躬寡過爲
主」，但是因爲「曾子最老壽，九十餘乃卒，弟子最多，故其道最行」；「有子
傳升平之學」，但因早卒，故其道不昌，還好有子夏、子游、子張三位傑出的
弟子。三人當中，「子游得大同」，再傳之「聖孫」子思，最後傳到孟子。

再以記載孔子思想的六經爲例。六經當中，康有爲認爲孟子傳《詩》、
《書》、《春秋》，而荀子傳《禮》。孟子未得孔子《易》的傳承，這是一種遺
憾，但傳承了《春秋》，這部書乃孔子「晚年定論」，爲孔子之道的所在，乃
「孔子聖意之所寄」，也就是「三世進化之義」。故孟子在儒學傳承中，「得孔
子大道之本者也」。因此，康有爲盛讚孟子，「孟子乎眞孔門之龍樹、保羅！」

五、聖道的中輟

孔教有優越的「三世進化之義」作爲教義，又有得力的弟子孟、荀加以
傳佈，造成「其後學散布天下，徒侶六萬。」「天下咸歸依孔子」的空前盛況。
到了漢代，「聖制萌芽」(《孔子改制考・敘》)，孔教繼續發展、茁壯。但不幸
地，卻遭到劉歆、王莽的破壞：

> 夫兩漢君臣、儒生，尊從《春秋》撥亂之制而雜以霸術，猶未盡行
> 也。聖制萌芽，新歆遽出，僞《左》盛行，古文簒亂。(《孔子改制
> 考・敘》)

爲了「新莽」政權，劉歆不惜「飾經佐簒」。藉由「校秘書」職務之便，以僞
作《左傳》爲起始，進而「遍僞群經」，「點竄其僞經，以迎媚之。」王莽也
懂得「感恩」，以「推行歆學」作爲回饋：

> 時莽未有簒之隙也，則歆之畜志簒孔學久矣。遭逢莽簒，因點竄其
> 僞經以迎媚之。歆既獎成莽之簒漢矣，莽推行歆學，又徵召爲歆學
> 者千餘人詣公車，立諸僞經爲學官，莽又獎成歆之簒孔矣。(《新學

　　　　僞經考‧劉歆王莽傳辨僞第六》）

由於「歆、莽交相爲」，再加上鄭康成等經學家的「推波助瀾」，於是劉歆的「新學」（僞古文經）最後終於取代了孔子的今文經學：

　　僞古文傳至賈、馬，猋旣張矣。而所以輔成古學，篡今學之大統者，則全在鄭康成一人。推康成所以能集六經之成，以滅今學者，蓋有故焉。……而康成弟子遍天下，得乘間抵隙，收拾天下之士以言遺經，挾此數者，萬流歸宗，於是，天下執言學者無有出鄭氏者。（《新學僞經考‧僞經傳於通學成於鄭玄考第八》）

雖然後來新莽政權終先結束，但卻也造成了「久假成眞」的不幸：

　　至於後世，則亡新之亡久矣；而歆經大行，其祚二千年，則歆之篡過於莽也。（《新學僞經考‧劉歆王莽傳辨僞第六》）

　　劉歆之撰僞經也，託於通人，傳於校書，統一於鄭玄，布漢衍溢於魏、晉、六朝之儒，決定於隋、唐之陸德明、孔穎達、賈公彥，遂至於今。（《新學僞經考‧僞經傳授表第十二上》）

由於王莽君臣的篡僞，使得孔子乃至於整個傳統學術遭到了重大的破壞，進而使中華民族歷經了前所未有的浩劫：

　　于是削移孔子之經而爲周公，降孔子之聖王而爲先師，《公羊》之學廢，改制之義湮，三世之說微，太平之治，大同之樂，闇而不明，鬱而不發。我華我夏，雜以魏、晉、隋、唐佛老、詞章之學，亂以氏、羌、突厥、契丹、蒙古之風，非惟不識太平，並求漢人撥亂之義亦乖剌而不可得，而中國之民遂二千年被暴主、夷狄之酷政。耗矣！哀矣！（《孔子改制考‧敍》）

六、結　論

　　以上是康有爲的儒家聖人觀。由此，可以明顯看出康有爲重新建構、詮釋孔、孟等儒家人物的動機與目的。不外是爲了替清末尋找變法理論的基礎與維新的方向。孔教既遭劉歆的破壞，當然要重新加以接續，這個責任「舍我其誰」，當然是康有爲自己，所以他提倡「孔教運動」。光緒十七年，他出刊《新學僞經考》，疾呼劉歆的古文經爲「僞經」，爲篡僞之後的「新學」，非孔子的原本「古學」；光緒二十四年出版《孔子改制考》，提倡孔子「三世進化」的改制思想，建議當時的清廷放棄「不合時宜」的君主集權，順應「進

化」實施君主立憲。

康有爲的聖人觀對於孔、孟、荀等儒家人物而言，恐怕有某種程度的「誤解」與「扭曲」？這是傳統思想上常見「託古」的運用，對於這點康有爲是有自覺的。他說：「榮古而虐今，賤近而貴遠，人之情哉！耳目所聞睹，則遺忽之；耳目所不睹聞，則敬異之，人之情哉！」（《孔子改制考》卷四）因爲人情往往「貴遠賤近」、「榮古虐今」，所以將自己的思想「假託」給某位有名的古人，尤其是孔、孟，這無形中就爲自己的學說增加了「權威性」，進而更具有說服力。由這種來理解康有爲的聖人觀，那麼「誤解」與「扭曲」就成了「轉換」與「新詮」，再度證明中國思想的發展與時代的脈動，有著密不可分的關係。

主要參引書目

1. 康有爲：《康南海自編年譜》，台北：宏業書局有限公司，民國 65 年 9 月 30 日。

2. 蔣貴麟主編：《康南海先生遺著彙刊》，台北：宏業書局有限公司，民國 65 年 9 月 30 日。

3. 孫春在：《清末的公羊思想》，台北：台灣商務印書館，民國 74 年 10 月。

4. 康有爲著、樓宇烈整理：《孟子微》，北京：中華書局，1987 年 9 月。

5. 康有爲：《禮運注》，北京：中華書局，1987 年 9 月。

6. 康有爲：《新學僞經考》，上海：上海古籍出版社，1987 年 10 月。

7. 康有爲：《康有爲全集》，上海：上海古籍出版社，1987 年 10 月。

8. 蕭公權著、汪榮祖譯：《康有爲思想研究》，台北：聯經出版事業公司，民國 77 年 5 月。

9. 鍾賢培：《康有爲思想研究》，廣東：廣東高等教育出版社，1988 年 8 月。

10. 康有爲：《孔子改制考》，北京：中華書局，1989 年 3 月。

11. 康有爲著、樓宇烈整理：《春秋董氏學》，北京：中華書局，1990 年 7 月。